Dr. Eric Pearl
Frederick Ponzlov

SOLOMON SPRICHT

Dr. Eric Pearl
Frederick Ponzlov

SOLOMON SPRICHT

ÜBER EIN LEBEN
IN VERBUNDENHEIT

KOHA

Wichtiger Hinweis

Die im Buch veröffentlichten Empfehlungen wurden von Verfasser und Verlag sorgfältig erarbeitet und geprüft. Eine Garantie kann dennoch nicht übernommen werden. Ebenso ist die Haftung des Verfassers bzw. des Verlages und seiner Beauftragten für Personen-, Sach- und Vermögensschäden ausgeschlossen.

Aus dem Englischen
von Nayoma de Haën

Titel der Originalausgabe:
Solomon Speaks on Reconnecting Your Life.
Copyright © 2013 by Eric Pearl and Frederick Ponzlov
Originally published in 2013 by Hayhouse Inc. USA

Deutsche Erstauflage erschien Juli 2013
© KOHA-Verlag GmbH Burgrain

Alle Rechte vorbehalten
Lektorat: Maria Müller-de Haën
Redaktion: Gabriele Bressem
Layout: Birgit-Inga Weber
Gesamtherstellung: Karin Schnellbach
Druck: CPI Books GmbH
ISBN 978-3-86728-317-5

In liebevollem Gedenken
an meine Mutter Lois J. Pearl.

In ehrendem Gedenken
an meinen Vater Harold R. Pearl.

E. P.

Für meine Tante Eleanore,
die mir ein Leben gab.

F. P.

INHALT

VORWORT

von Lee Carroll

Meine Güte, es war jetzt aber auch langsam Zeit, ein weiteres Buch von Dr. Eric Pearl herauszubringen! Jahrelang all diese Seminare, Workshops und Konferenzen – und kein neues Buch. Doch jetzt ist es da – hurra! Allerdings …, ich habe nicht mit einem … *gechannelten* Buch gerechnet. Und wer ist dieser Fred?!

Damals in den Neunzigern klingelten die Telefone noch anders als heutzutage. Es quakten keine Enten; weder ertönte ein Symphonieorchester noch klimperte es wie am Spielautomaten. Es war ein typisches altmodisches Telefonläuten (wie es sich heute mancher auch gerne auf dem Smartphone installiert). Ich hob ab und hörte eine Stimme, die ich nicht hören wollte. Irgendein Typ hatte mich zu Hause erwischt, wo ich in Shorts vor dem Fernseher abhing, um mich von einem der großen Kryon-Seminare zu erholen, von dem ich gerade zurückgekehrt war. Ich versuchte, höflich zu sein, und man hat mir später bestätigt, dass es mir gelang. Am anderen Ende der Leitung war ein Chiropraktiker aus Hollywood, der einen Rat von mir wollte. *Was will er von mir?*

»Entschuldigung, aber wie haben Sie mich ausfindig gemacht? Mein Name steht nicht im Telefonbuch …«

Offensichtlich waren in der Praxis dieses Mannes ein paar ziemlich ungewöhnliche Dinge passiert und er wollte mit einem »echten, anerkannten Channeler« sprechen.

Ich hätte mich geschmeichelt fühlen können, aber es irritierte mich, dass er meine Privatnummer ausfindig gemacht hatte. Außerdem wollte ich weiter »Roseanne« schauen – neben einem unsmarten Telefon besaß ich damals auch einen unsmarten Fernseher, der keine Aufnahmefunktion hatte. »Ich wüsste wirklich gerne, wie Sie an meine Nummer gekommen sind.«

Der Anrufer stellte sich als Dr. Eric Pearl vor. Er kenne die richtigen Leute, um von mehr oder weniger jedem die Telefonnummer herauszufinden, erklärte er mir. So lernte ich den »Reconnection«-Mann kennen.

Heute weiß ich natürlich mehr als damals. Er stellt tatsächlich »Rückverbindungen« her – auch mit mir frischte er eine alte Akasha-Freundschaft auf, die sich wie eine Rückverbindung der Vergangenheit mit der Zukunft anfühlte. Ich kenne das schon.

Er brauchte Hilfe. Eigentlich *brauchte* er zwar überhaupt nichts, da sein »Problem« darin bestand, dass er anfing, Leute auf fantastische Weise zu heilen. (Solche Probleme sollten wir alle mal haben!) Er wünschte sich jedoch Unterstützung beim Umgang mit seltsamen Dingen wie Channeling. Er war sich nicht sicher, ob es »echt« sei, und es irritierte ihn, wie durch ihn Dinge geschahen, die viele als Wunder bezeichnen würden.

Was erzählt man einem Chiropraktiker mit über 12 Jahren Erfahrung, der in einer guten Gegend praktiziert und einen großen Patientenstamm hat, wenn seine Patienten plötzlich auf dem Behandlungstisch zu »channeln« beginnen? Und sie brachten alle dieselbe Botschaft durch! Ohne einander zu kennen. Und bis auf eine Ausnahme hatte niemand von ihnen je zuvor eine Stimme gechannelt. Sie zuckten, verfielen in Trance und übermittelten ihm Botschaften!

Ich fragte ihn: »Warum rufen Sie ausgerechnet mich an? In Hollywood gibt es bestimmt jede Menge Leute, die als Medium arbeiten …«

Es entstand eine Pause, die etwas zu lange dauerte, bis mir klar wurde, dass meine Bemerkung etwas dumm gewesen war.

Es endete damit, dass ich von meinem Wohnort bei San Diego nach Hollywood fuhr, wo ich das erste von vielen Treffen genoss, die im Laufe der nächsten Jahre stattfanden. Ich stand viele Male auf seiner Bühne und er auf meiner. Wir schienen uns schon ewig zu kennen. Wir waren Freunde ... wieder einmal.

Auf den ersten Seiten dieses Buches werden Sie erfahren, welche Rolle Fred bei alldem spielt. Fred hatte damals den Ball ins Rollen gebracht. Dies hatte zu einem höchst ungewöhnlichen Ereignis geführt, das genau zum richtigen Zeitpunkt stattfand. Lesen Sie mehr darüber.

Im Laufe der Zeit schrieb Dr. Eric (wie ich ihn gerne nenne) sein erstes Buch *The Reconnection* und begann eine stetig wachsende Gemeinschaft von Heilern auszubilden. Inzwischen ist er eine international anerkannte Autorität einer neuen Ebene der Heilung und hat sich wahrscheinlich längst einen goldenen First-Class-Sitzplatz erflogen. Er reist mehr durch die Welt als ich – oder wie er es ausdrückt: Seine Möbel stehen in Los Angeles, aber er selbst lebt im Flieger.

Und wo ist Fred in alledem? Und wer ist eigentlich Solomon?

Fred gehörte seinerzeit zu den Ersten, die auf Erics Behandlungstisch zu channeln anfingen. Fred gesteht dann, dies schon seit seiner Kindheit hin und wieder getan zu haben. Nach langer Zeit kommen Fred und Eric wieder in Kontakt miteinander, und zwar offenbar, um dieses Buch zusammenzustellen. Und sie erkennen, dass Freds Gabe des Channelns die Energie um Eric sammelt und verstärkt.

Solomon wird als eine Gruppierung von Bewusstsein und Intelligenz beschrieben. Ich verstehe das. Man merkt es in manchen der Sitzungen auch an dem grammatikalischen Wechsel zwischen der ersten Person Singular und der ersten Person Plural. Dies kommt beim Channeln sehr viel häufiger vor, als viele ahnen. Es handelt sich dabei um Kollektive, die von der anderen Seite des Schleiers aus kommunizieren.

Mich beeindruckt dabei besonders der perfekte Zeitpunkt, zu dem dieses Buch erscheint. Dies scheint weder Dr. Eric noch Fred besonders bewusst gewesen zu sein. Ich channele nun seit über 23 Jahren die liebevolle Wesenheit Kryon: Sie erklärte uns bereits 1989, es gebe 2012 keinen Weltuntergang. Soviel ich weiß, geschah auch nichts dergleichen. Er riet uns jedoch, uns auf eine Veränderung des menschlichen Wesens vorzubereiten, auf einen Bewusstseinswandel. Es kämen neue Energien auf die Erde, die diesen Prozess unterstützen würden.

Bis 2012 fühlte es sich immer so an, als würde uns etwas zurückhalten, und viele von uns hatten Mühe, ihre Projekte und Ideen voranzubringen. Es herrschte so viel Untergangsstimmung und Zukunftsangst – und auch Angst voreinander. Doch plötzlich bricht all das auf. Kryon zufolge ist 2013 das erste Jahr, in dem die »Samen des neuen Menschen« gepflanzt werden. Wir richten uns in jeder Hinsicht neu aus, auch in Bezug auf unsere Rückverbindung zur Quelle, zum Ursprung.

Betrachten Sie das Inhaltsverzeichnis. Hier werden genau die Themen aufgeführt, die wir Kryon zufolge brauchen. Sie werden aus der Perspektive eines Heilers dargestellt, mit universeller Intelligenz und »gesundem Menschenverstand«, und dazu von einem erfahrenen Kanal übermittelt. Bücher dieser Art sind genau das, was wir dieses Jahr erwartet haben. Und in diesem Fall stimmt nicht nur der Zeitpunkt zu hundert Prozent, sondern auch der Inhalt!

Genießen Sie also die Lektüre! Erkennen Sie die ihr innewohnende Weisheit und welch tiefer Sinn sich darin zeigt, wie alles nach so vielen Jahren auf diese Weise zusammengekommen ist.

Und zu guter Letzt hoffe ich für Sie, dass Dr. Eric nicht plötzlich Ihre Telefonnummer sucht. Denn er wird sie finden, wenn er sie braucht.

Möge Gottes Segen mit Ihnen sein!

Lee Carroll
Original-Channel für Kryon

PROLOG

Erics Geschichte

Oh, mein Gott!, dachte ich, während ich zusah, wie mein Patient Fred nicht mehr einfach nur auf dem Rücken auf meiner Praxisliege lag. *Das wird mir niemand glauben. Wer oder was ist hier bei mir anwesend?*

Freds halb geschlossene Augen rollten nach oben in seine Augenhöhlen hinein und zuckten unter flatternden Lidern rasch hin und her. Sein Atem verlangsamte und vertiefte sich. Seine etwas zur Seite gestreckten Arme begannen mit einer langsamen, rhythmischen Bewegung ..., sanft nach oben, dann hinab, dann wieder nach oben, wie von den Wellen eines unsichtbaren Energiefeldes bewegt. Sein Mund öffnete sich etwas; ich konnte sehen, wie sich seine Zunge zu Worten bewegte, und Luft trat hörbar aus seiner Kehle aus.

Zögernd beugte ich mich über ihn und hielt mein Ohr zu ihm hin, um zu hören, was er sagte ..., doch seine Versuche, Worte zu bilden, blieben vergeblich, und ich vernahm nur seinen Atem.

Ehrfürchtig wagte ich nicht, mich von der Stelle zu bewegen. Ich wusste, ich befand mich in der Anwesenheit von etwas Größerem, als was ich – wie wahrscheinlich die meisten Menschen, wenn nicht gar alle – je erfahren hatte.

Und gleichzeitig war dies weder der Anfang noch das Ende von etwas, was sich weit über das hinaus entwickelte, was ich mir je hätte vorstellen können, etwas, das schon bald Millionen von Menschen in aller Welt berühren sollte.

Ich lauschte aufmerksam dem Klang von Freds Atem, und schließlich vernahm ich eine Stimme. Allerdings nicht die von

Fred. Es war die Stimme meiner Mutter, die mir sagte: *Was treibst du denn da? Halte dein Ohr von diesem Verrückten fern, sonst beißt er es dir noch ab!* Und ich fing an zu lächeln, ja ich musste innerlich lachen. Es ist kaum zu beschreiben, wie es ist, gleichzeitig ängstlich, ehrfürchtig und amüsiert zu sein …

Bevor ich mit der Geschichte fortfahre: Kann ich behaupten, das Ganze wäre aus heiterem Himmel geschehen? Nun, ja … und nein. Um der Klarheit willen will ich von jenem Tag im Januar 1994 ein paar Monate zurückgehen, bis zum vorigen August.

Ich hatte damals keine Ahnung, dass sich mein Leben schon bald für mich und für viele andere Menschen ziemlich verändern würde.

Zu jenem Zeitpunkt blickte ich auf zwölf glückliche Jahre als Arzt zurück. Ich hatte eine der größten und erfolgreichsten Praxen für Chiropraktik in Los Angeles und ging davon aus, dass ich damit mein Leben verbringen würde. An jenem Donnerstag ging ich nach der Arbeit nach Hause und hielt mich für einen Chiropraktiker, doch als ich am Montag danach in die Praxis zurückkam, war ich etwas anderes. Meine Eltern hatten mir schon immer gesagt, ich sei »anders«, aber so hatten sie das wohl nicht gemeint.

Es begann in der Nacht nach jenem Donnerstag. Ich wachte plötzlich von einem sehr hellen Licht auf.

Ich öffnete die Augen, um zu sehen, was da so leuchtete. Es war nichts Spirituelles oder Metaphysisches, sondern einfach nur meine Nachttischlampe, die sich von alleine angeschaltet hatte. Ich besaß diese Lampe zu jener Zeit seit über zehn Jahren, und sie hatte sich noch nie von alleine angeschaltet. Doch jetzt hatte sie es getan. Gleichzeitig spürte ich, dass jemand in meinem Haus war.

Es ist ein schwer zu beschreibendes, unheimliches Gefühl, mit der Ahnung aufzuwachen, dass jemand im Haus ist, der nicht da war, als man einschlief. Ich stand also auf, nahm ein Messer und eine Dose Pfefferspray und ging mit meinem Dobermann auf die Pirsch. Nach guten zwanzig Minuten beschloss ich, dass ich mir das wohl nur eingebildet hatte, und ging wieder schlafen. Am folgenden Montag meinten jedoch sieben meiner Patienten unabhängig voneinander, während der Behandlung andere Leute im Raum zu spüren, genauso, wie ich Leute in meinem Haus gespürt hatte – und sie hatten keine Ahnung von dem, was ich zu Hause erlebt hatte.

Nach über zwölf Jahren chiropraktischer Arbeit, in denen nie jemand auch nur andeutungsweise etwas Derartiges bemerkt hatte, könnte man meinen, sieben solcher Hinweise an einem Tag seien merkwürdig genug. Doch dabei blieb es nicht. Am selben Tag vermeinten andere Patienten meine Hände auf sich zu spüren, ohne dass ich sie berührte. Ich glaubte ihnen natürlich nicht. Ich bat sie, die Augen zu schließen, während ich meine Hände zentimeter- bis meterweit von ihnen entfernt hielt, doch sie konnten immer sagen, worauf meine Handflächen gerichtet waren. *Linker Knöchel, rechte Schulter.* Sie wussten es einfach. Sie konnten mich *spüren* ... oder *es*.

Ich sah, wie ihre Gesichtsmuskeln – winzige Muskelfasern auf der Stirn, um das Kinn und um den Mund herum – sich bewegten, oder genauer gesagt vibrierten. Diese Muskeln sind so klein, dass man sie nicht willentlich bewegen kann. Die Lippen öffneten sich, die Zunge bewegte sich, die Augen zuckten hin und her, die Finger flatterten synchron oder abwechselnd rechts, links, rechts, links ...

Nachdem sie die Augen wieder geöffnet hatten, erzählten sie mir von Farben, die sie nie zuvor gesehen hatten; von blumigen Düften, die sie nie zuvor gerochen hatten; und dass sie »Leute« gesehen und gehört hätten, die niemand sonst im Raum gesehen oder gehört hatte.

Und dann berichteten sie von Heilungen. Echten Heilungen. Manche erhoben sich aus dem Rollstuhl, andere konnten wieder ihre Arme, ihre Beine, ihr Gehör oder ihren Gesichtssinn nutzen. Patienten brachten mir Laborbefunde, die zeigten, dass Krebsgeschwulste verschwunden waren. Und Kinder mit zerebraler Kinderlähmung und Epilepsie konnten wieder herumspringen und normal sprechen, ohne Krämpfe, ohne Medikamente.

Meine Patienten und die Ärzte riefen mich an und fragten: »Was haben Sie gemacht?« – »Nichts«, antwortete ich. »Und erzählen Sie es bloß nicht weiter!«

Es war ähnlich wie bei den Aufforderungen der Regierung in den Anti-Drogen-Kampagnen, einfach »Nein zu Drogen« zu sagen. Je öfter ich es sagte, desto mehr redeten die Leute.

Schon bald baten mich Leute, diese Arbeit zu lehren. »Lehren?!« antwortete ich. »Wie kann man so etwas lehren?« *Ich stehe da und wedele mit den Händen durch die Luft wie ein Idiot*, dachte ich. Ich empfahl ihnen, hinauszugehen, mit den Händen durch die Luft zu wedeln und mir dann zu erzählen, was ihre Nachbarn dazu meinten.

Doch immer mehr meiner Patienten riefen mich nach den Heilsitzungen an und erzählten mir, auf ihrem Heimweg habe sich das automatische Garagentor geöffnet, bevor sie den Knopf drücken konnten. Oder ihr Fernseher oder ihre Stereoanlage gingen an und aus, als sie nach Hause kamen. Sie hatten merkwürdige Empfindungen in den Händen, und wenn sie sie nahe an ein Familienmitglied mit einem Gesundheitsproblem brachten, erfuhr *diese Person* eine Heilung!

Wir erkannten allmählich, was uns die Wissenschaftler und Forscher später bestätigten: Wer einmal mit diesem neuen, breiteren und umfassenderen Spektrum von Heilungsenergien in Kontakt trat, in dem veränderte sich etwas. Er fand nicht nur Zugang zu seiner eigenen Heilung, sondern konnte auch die Heilung anderer fördern. Die Wissenschaft nennt das heute

Reconnective Healing. Dies war die Grundlage meines ersten Buches *The Reconnection.*

Zurück zu Fred. Er machte weiter Atemgeräusche, und ich sah ihm weiter fasziniert zu …, vielleicht zu fasziniert, denn plötzlich fiel mir ein, dass ich schon viel zu lange da bei ihm stand und dass draußen andere Patienten warteten. Ich berührte Fred sachte mit zwei Fingern auf dem Brustbein und sagte leise: »Fred, ich glaube, wir sind jetzt fertig.«

Fred öffnete seine Augen. Er sah mich an. Ich sah ihn an. Er sagte nichts. Also sagte ich auch nichts. Ich meine, was sollte ich schon sagen?

Ich kann nicht behaupten, dass ich den Rest der Woche bis zu seinem nächsten Termin nicht darüber nachgedacht hätte. Ich dachte sehr viel darüber nach. Ich war mir sicher, dass es sich wiederholen würde. Ich richtete es so ein, dass ich Fred als letzten Patienten drannahm, um mehr Zeit zu haben, wenn es wieder geschähe.

Und es geschah wieder. Ich behandelte ihn und bat ihn anschließend, seine Augen zu schließen, sich zu entspannen und die Behandlung wirken zu lassen. Während er da lag, hielt ich meine Hände in der Nähe seines Kopfes in der Luft, und die Szene seines vorigen Besuchs wiederholte sich. Sein Kopf fiel zurück, seine Augen rollten nach oben, seine Lippen öffneten sich, seine Zunge bewegte sich, und Luft trat hörbar aus seinem Mund. Diesmal formten sich jedoch Laute, und eine Stimme sprach: »*Wir sind hier, um dir zu sagen, dass du fortfahren sollst mit dem, was du tust. Was du tust, ist, Licht und Informationen auf den Planeten zu bringen.*«

Fred sah mich an und gestand, dass diese Stimme durch ihn sprach, seit er ungefähr elf Jahre alt war. Nur zwei Menschen in seinem Leben wussten darum. Er hatte bei seinem vorigen Besuch gespürt, dass sie sich meldete, aber er dachte, ich hätte nichts bemerkt. Ich lud ihn ein, sich zu entspannen und es einfach zuzulassen.

Ich dachte, es sei etwas, was mit Fred zusammenhinge. Ein »Fred-Ding«. Ich hatte keine Ahnung, was als Nächstes auf mich zukam.

Zwei Tage später verloren drei weitere Patienten ihre bewusste Wahrnehmung und sprachen dieselben zwei Sätze, die Fred gesagt hatte: »*Wir sind hier, um dir zu sagen, dass du fortfahren sollst mit dem, was du tust. Was du tust, ist, Licht und Informationen auf den Planeten zu bringen.*« Sie fügten jedoch noch einen dritten und vierten Satz hinzu. Zwei der Patienten sagten darüber hinaus: »*Was du tust, ist, Fäden wieder zu verbinden.*« Einer sagte: »*Was du tust, ist, Stränge wieder zu verbinden.*«

Bei einem weiteren Termin erzählte mir Fred, er habe zu Hause automatisches Schreiben praktiziert (wohl ein weiteres »Fred-Ding«). Er sagte, es sei sein gewöhnliches automatisches Schreiben gewesen, bis auf die letzten beiden Sätze, in denen es hieß: *Unterschätze nicht die Kraft von Dr. Eric Scott Pearl. Was er tut, ist, Fäden wieder zu verbinden.*

Ich fragte ihn, ob er sicher sei, dass es »Fäden« (engl. *strings*) hieß. Ich wusste, dass sich die »Stränge« (engl. *strands*) auf die DNA bezogen. *Strings* musste ein Fehler sein, dachte ich. Oder irgendein Wesen, eine Intelligenz aus dem Universum, versuchte, mit mir zu kommunizieren, und hatte Mühe, auf Englisch ein Konzept zu vermitteln, das irgendwo zwischen Fäden und Strängen lag. Aber Fred bestand darauf, dass seine Quelle ihm *strings* = Fäden vermittelt habe.

Habe ich übrigens schon erwähnt, dass alle drei Patienten einander nicht kannten? Nun, dann will ich es Ihnen jetzt sagen: Alle drei Patienten waren einander unbekannt. Sie kannten auch niemanden der anderen fünf Personen, denen in der folgenden Woche in meiner Praxis dasselbe widerfuhr. Im Laufe der folgenden drei Monate verloren insgesamt über fünfzig verschiedene Personen vorübergehend ihre bewusste Wahrnehmung und sprachen bis zu sechs der wortwörtlich selben Sätze.

Mir wurde schon bald klar, dass uns manchmal die Gelegenheit geboten wird, durch Türen zu gehen, ohne zu wissen, wo sie hinführen. Meistens ist das so, und so war es auch bei mir.

Von Anfang an wurde ich von anderen, die sich das Ganze von außen anschauten, mit Angst gefüttert, die sich als liebevolle Fürsorge ausgab. Die Leute fragten: »Woher kommen diese Heilungen? Stammen sie aus einer guten Quelle?«

»Natürlich ist sie gut«, antwortete ich. »Sie ist Gott. Sie ist Liebe. Sie ist das Universum.«

»Woher wissen Sie das?«, fragten die Leute.

»Ich weiß es einfach«, erklärte ich.

»Aber woher wissen Sie das?«, fragten sie immer wieder, bis ich begann, mich selbst zu fragen, woher ich das eigentlich wusste. Ich wusste es eben. Ich wusste nur nicht, woher ich es wusste. Ich nahm an, diese »Heiler«, die mir solche Fragen stellten, wüssten wohl etwas, was ich nicht wusste, und so fragte ich sie, wie ich denn die Quelle überprüfen sollte.

»Fragen Sie sie«, wurde mir geantwortet.

Fragen Sie sie?! Was für eine absurde Antwort! Wenn ich eine gute Quelle frage, ob sie gut ist, wird sie die Wahrheit sprechen und sagen, sie sei eine gute Quelle. Wenn ich eine schlechte Quelle frage, ob sie eine gute Quelle ist, wird sie lügen und behaupten, eine gute Quelle zu sein.

Ich meine, diese Heiler besaßen die Dreistigkeit, Angst zu säen, wo keine Angst hingehörte, und dann hatten sie nicht einmal genug Integrität, mir einen vernünftigen Weg aufzuzeigen, wie ich an eine Antwort komme. *Fragen Sie sie?!*

Ich zerbrach mir lange den Kopf darüber. Schließlich landete ich bei zwei Worst-Case-Szenarien:

a) Ich sterbe. Ich komme an das Himmelstor oder wohin auch immer, und Petrus, oder wer auch immer dort steht, schlägt meinen Namen im *Buch des Lebens* nach:

Eric Pearl ..., Eric Pearl ..., Eric Pearl ..., hier steht's ... Hmm, du hast viele Menschen auf einen ziemlich törichten Weg geleitet. Du musst dein Leben 600-mal wiederholen ...

Nun, ehrlich gesagt finde ich das keine besonders verlockende Aussicht. Aber hier kommt das allerschlimmste Szenario:

b) Ich sterbe. Ich komme an das Himmelstor oder wohin auch immer, und Petrus, oder wer auch immer dort steht, schlägt meinen Namen im *Buch des Lebens* nach.

Eric Pearl ..., Eric Pearl ..., Eric Pearl ..., hier steht's ... Hmm, wir haben dir die Chance gegeben, eine Bewusstseinsveränderung einzuleiten, deren Auswirkungen auf ewig durch das Universum geschwungen wären ... Und du hast es nicht getan ... Weil du Angst hattest ...

Das war eine Sache, mit der ich nicht leben konnte.

Das Licht kommt nicht von außen,
sondern von innen ...
Euer Leben sorgt für dieses Licht.

• Solomon •

Durch die Lehren Solomons – jener Wesenheit, die durch das physische Wesen Fred spricht – und durch meine eigene Weiterentwicklung habe ich das verstanden, was ich die *Theorie der Einen Ursache* nenne. Diese *Theorie der Einen Ursache* besagt, dass wir in demselben Maße von vollkommener Gesundheit entfernt sind, wie wir zeitweilig vergessen haben, dass wir das Licht *sind*. Wir brauchen nichts zu tun, als uns daran zu erinnern, dass wir dieses Licht sind, also uns so daran zu erinnern, dass wir in unseren natürlichen Zustand der Lichtschwingung zurückkehren. Wenn wir in unserem optimalen Lichtzustand schwingen, bleibt allem, was dichter ist als Licht, nichts, woran es sich festhalten könnte; und so fällt es von uns ab, *wenn es zu jenem Zeitpunkt unseres Lebensweges angemessen ist, dass es das tut.*

Ich habe das Heiler-Sein – das heißt, die Heilung anderer zu unterstützen – als eine ziemlich pure Erfahrung kennengelernt. Ich habe gelernt, einfach mit einem anderen Menschen und dem Universum zusammen in eine Gleichung einzutreten, alle Technik zu transzendieren und mir zu gestatten zu *fühlen*. *Fühlen*. Das heißt, zu lauschen … mit anderen Sinnen. Zu fühlen, zu beobachten, zu spielen, zu bemerken. Ohne Bewertung. Und das ist ein enormer Anteil dessen, worauf es ankommt. Ich lernte, wie wir mit dem Hinauswachsen über Techniken auch die Richtung, die zielgerichteten Ergebniserwartungen und Bewertungen transzendieren. Ich lernte, aus meiner Ergebnisorientierung aus- und in eine Prozessorientierung einzutreten. Und je mehr ich das zuließ, desto mehr wurde ich mir des Feldes und aller meiner Empfindungen bewusst. Unterschiedlicher Empfindungen wie heiß, kalt, nass, trocken, drückend, ziehend, sprudelnd, prickelnd.

Das Komische an alldem ist die Einfachheit, die dem zugrunde liegt. Denn als ich all diesen Empfindungen bis zu ihrer Essenz nachspürte, wurden sie letztlich zu *einer*: Freude, Glücksempfinden …, *Seligkeit*. Als ich diese Seligkeit empfand, begab ich mich in das Feld und wurde eins mit ihm. Und ich entdeckte, dass wir in diesem Feld nicht allein sind. Wir sind mit jedem in diesem Feld … und ganz besonders mit der Person, auf die unsere *Aufmerksamkeit* gerichtet ist, denn – seien wir mal ehrlich – wir sind da, wo unsere Aufmerksamkeit ist, wo unser Gewahrsein ist. Ob bewusst oder nicht, gibt es in dieser Interaktion in jener Person etwas wie eine kleine »Stimme«, die sagt: *Hey, das erinnert mich an etwas. So bin ich, wenn ich gesund schwinge. So bin ich, wenn ich als Licht schwinge … Ich glaube, ich tue das mal wieder.*

Ich habe beobachtet, wie Menschen in diesem Erinnern wieder anfingen, auf ihrem optimalen Lichtniveau zu schwingen, wieder gesund zu schwingen. Ich beobachtete, wie sich alles, was dichter ist als Licht, und dazu gehören die meisten gesundheitlichen Beschwerden, einfach auflöst, wenn es für die Person zu diesem Zeitpunkt in ihrem Leben angemessen ist. Es wurde sofort überdeutlich klar, dass Heilung genauso einfach ist. Und alles – *alles* – Kompliziertere will uns nur etwas verkaufen.

Wenn ich mir gestatte, einfach zu *lauschen* – nicht mehr zu *machen*, sondern zu *werden*, zum Beobachter und zum Beobachteten zu werden –, ist das der Zeitpunkt, zu dem das Universum oft sein wahres Wunder und seine wahre Schönheit offenbart. Das ist das Geschenk. Dann sehen wir Dinge, die neu sind, anders, wirklich. Sehr, *sehr* wirklich. Dann erfahren wir jede Sitzung als etwas Neues, als eine Entdeckung, denn mit jedem Menschen *ist* es etwas Neues.

Deine Aufgabe ist es, Türen zu öffnen.
Ihre Aufgabe ist, sich dafür zu entscheiden,
den Mut zu haben, hindurchzugehen.

• Solomon •

Ich mag das Wort *Heilung* nicht besonders. In seinem allgemeinen Verständnis ist es viel zu beschränkt. *Heilung* vermittelt, dass es da etwas gibt, was sich »bessern« sollte. Wie ich beobachtet habe, bedeutet Heilung sehr viel mehr, als aus einem Rollstuhl aufzustehen, wieder hören oder sprechen zu können, keine Krebsgeschwulst mehr zu haben oder nach einer Kinderlähmung wieder normal gehen und reden zu können. All diese Dinge sind natürlich absolut wundervoll, und es ist äußerst aufregend, sie zu erleben, wenn wir diese Arbeit machen, aber in ihrem wahrhaftigsten Sinne ist Heilung sehr viel mehr als das. Diese »Heilungen« sind Zeichen von etwas viel Größerem. Sie sind Zeichen unseres umfassenderen Zugangs zu und unserer Wechselwirkung mit dem Universum. Sie sind Zeichen unserer Evolution. Ein *Human-Upgrade,* wenn man so will.

In unserer Existenz geht es um unsere fortlaufende Evolution. Ich habe gelernt, dass es im Leben um unsere Fähigkeit zur Anpassung und zur Weiterentwicklung geht. Es ist ein kontinuierlicher Prozess.

Manchmal findet dieser Prozess so langsam statt, dass wir ihn nicht bemerken. Zu anderen Zeiten springt er uns unmittelbar an und ist alles andere als subtil …

Als ich mir gestattete, einfach zu beobachten und zu »sein«, beobachtete ich Heilungen einer ganz anderen Art als jener, die wir wahrzunehmen, zu verstehen, zu glauben und zu akzeptieren gelernt haben.

In diesen Heilungen geht es um einen evolutionären Prozess, der durch Ko-Kreation mit dem Universum auf der höchsten Schwingungs-Interaktion, durch höchste Schwingungs-Interaktion mit dem Feld erzeugt wird.

Wenn ein Mann jeden Abend
eine halbe Stunde dem Selbstgespräch widmete,
indem er sich vergegenwärtigt,

was er im Verlauf des Tages getan hat,
ob richtig oder falsch,
so würde ihn das sowohl besser
als auch weiser machen.

• Philip Dormer Stanhope,
4. Graf von Chesterfield (1694–1773) •

Mein Leben hat sich durch diese Arbeit verändert. Ich würde Ihnen gerne sagen können, wie genau es sich verändert hat, wie *ich* mich verändert habe – aber ich *weiß* nicht so recht, wie. Weil ich Tag um Tag mit »mir« lebe, bemerke ich mehr mein Streben danach, besser zu werden, als was ich schon erreicht habe. Ich sehe, wenn ich mit einer Situation gut umgehe, und fühle mich dann innerlich wohl. Ich sehe mich, wenn ich mit einer Situation nicht so gut umgehe, wie es mir möglich gewesen wäre, und fühle dann Schmerz und Enttäuschung. Und ich bleibe dran, fest entschlossen, es das nächste Mal besser zu machen.

Wirken die meisten der Botschafter – das heißt, der Vortragenden und Seminarleiter – auf mich, als lebten sie ihre Botschaft auch hinter der Bühne? Manche mehr, andere weniger. Das zeigt mir, dass ich menschlich bin, dass wir alle menschlich sind. Ich habe auf der Bühne und hinter der Bühne dieselbe Persönlichkeit, ich gebe mich so, wie ich bin: mit meinen guten, meinen schlechten und meinen hässlichen Seiten. Aber ich bin echt.

Bin ich so geduldig und verständnisvoll, wie ich gerne wäre? Nein. Bin ich geduldiger und verständnisvoller, als ich früher war? Unbedingt. Würde ich meine Botschaft gerne voll und ganz *sein*? Auf jeden Fall. Bin ich es? Ich bin auf dem Weg dorthin.

Wenn ich ganz zu meiner Botschaft geworden bin, gibt es vielleicht keinen Grund mehr für mich, »im Körper« zu sein.

Aber bis dahin ist es noch ein langer Weg; ich habe also nicht vor, allzu bald aus diesem Leben zu scheiden! Ich glaube, meine größte Herausforderung besteht darin, bereit zu sein, mich selbst – mein Tun und Lassen, meine Erfolge, meine Schwächen – weniger wertend zu betrachten, weniger dringend das Bedürfnis zu haben, mich zu verbessern. Vielleicht liegt darin für mich die Rückverbindung zu der Wahrheit und Reinheit dessen, wer ich als Wesen, als Seele bin.

Wir treffen unsere Entscheidungen aus Angst oder aus Liebe. Zur Angst gehören auch Mangel, Beschränkung, die Illusion der Getrenntheit und der Dunkelheit ..., und Liebe schließt auch Einheit, Fülle, Wohlstand, Einssein und Licht mit ein. Ich wähle es, meine Entscheidungen aus Liebe zu treffen. Das ist allerdings nicht immer so einfach, wie es klingt. Und manches Mal habe ich mich schon gefragt, ob ich das Richtige tue. Manchmal habe ich mich gefragt, ob ich in einem Traum lebe und gleich aufwache. Zu anderen Zeiten habe ich mich gefragt, ob ich dabei bin, den Verstand zu verlieren, oder ob ich ihn vielleicht bereits verloren habe. Ob ich vielleicht irgendwo in einem Krankenhausbett im Koma liege und all dies nur in meiner Imagination stattfindet.

Doch wenn ich zweifelte, habe ich mich daran erinnert, dass jene ursprünglichen sechs Sätze damals nicht von mir stammten. Und außer Fred hatte keiner von denen, die sie damals sprachen, je zuvor erlebt, dass eine Stimme durch ihn sprach. Ich wusste, die Antworten waren da. In diesen Sätzen. Sie wurden zu meinen Mantren, die mich durch Zeiten trugen, in denen ich an mir oder an der Situation zweifelte. Ich hängte sie gut sichtbar auf, damit ich, wenn die Zweifel aufstiegen, leicht den richtigen Satz finden konnte, der mir weiterhalf. Ich gebe sie hiermit an Sie weiter, damit Sie sie auch selbst verwenden können.

1. Wir sind hier, um dir zu sagen, dass du fortfahren sollst mit dem, was du tust.

2. Was du tust, ist, Licht und Informationen auf den Planeten zu bringen.

3. Was du tust, ist, Stränge wieder zu verbinden.

4. Was du tust, ist, Fäden wieder zu verbinden.

5. Du sollst wissen, dass du ein Meister bist.

6. Wir sind aufgrund deines guten Rufes gekommen.

Ich habe diese Sätze wie Mantren verwendet. Sie haben für mich funktioniert. Und ich hoffe, sie funktionieren auch für Sie!

Aber bitte seien Sie sich bewusst, dass diese sechs Sätze zwar entscheidend sind, um diese Arbeit zu verstehen, dieses Buch jedoch von etwas anderem handelt. Über die sechs Sätze und ihre Bedeutung können Sie in meinem ersten Buch *The Reconnection* mehr erfahren. Im Zusammenhang mit diesem Prolog ist hier von Bedeutung, dass diese Stimmen, diese Sätze, dann *aufhörten*. Jedenfalls so ungefähr. In gewisser Weise. Doch die Information kam weiterhin durch Fred, nur auf eine viel umfassendere Art.

Ich ging regelmäßig zu Fred und bat ihn, mit der Stimme sprechen zu dürfen, die durch ihn sprach. Fred war es nicht immer angenehm, diese Stimme sprechen zu lassen, doch mit etwas Ermutigung willigte er manchmal ein. Und ich war weitsichtig genug, diese Sitzungen aufzunehmen.

Während der ersten beiden Sitzungen, zu denen auch der Abschnitt »Staune ...« gehört, mit dem das Buch anfängt, verwendeten wir drei Kassettenrecorder ..., und alle drei fielen immer wieder aus. Also investierte ich in ein hochwertiges Aufnahmegerät, um jedes Wort mitzukriegen. Dann ließ ich die Aufnahmen abtippen, damit ich sie lesen konnte. Ich verwahrte alle Aufnahmen ab 1994 an einem sicheren Ort, weil ich nicht sicher war, wie ich andere auf angemessene Weise an diesem Material teilhaben lassen könnte und ob ich das überhaupt tun sollte.

Im Laufe der Jahre und durch einige Umzüge verloren Fred und ich uns aus den Augen. Um das Jahr 2008 herum spürte ich ihn nach ausgiebiger Suche wieder auf. Ein paar Jahre später beschlossen wir, dieses Material gemeinsam zu veröffentlichen.

Im Verlauf dieses Buches werden Sie viele Sätze und Erkenntnisse finden, die Ihnen weiterhelfen können, nicht nur als *Reconnective*-Heiler, sondern auch als ein rückverbundener Mensch, denn in diesem Buch geht es darum, *Ihr* Leben rückzuverbinden. Es soll nicht nur jene transformieren, die Heiler werden wollen, echte Heiler ... – es dient vielmehr der Transformation jedes Einzelnen von uns, der danach strebt, sich rückzuverbinden und in dieser Zeit zur Harmonie in der Welt beizutragen.

PROLOG

Freds Geschichte

Anmerkung von Eric Pearl:
Mit mir, mit *Reconnective Healing* und *The Reconnection* sind Sie vielleicht schon vertraut, aber mein Koautor Frederick Ponzlov ist Ihnen vielleicht noch unbekannt. Er hat eine wichtige Rolle dabei gespielt, gewisse Informationen und Erkenntnisse in die Welt zu bringen, die uns als Heiler und als Menschen auf tiefere und umfassendere Ebenen bringen. Ich habe in meinem Prolog kurz darauf hingewiesen, doch es erschien mir angemessen, hier auch Fred mit seiner Geschichte zu Wort kommen zu lassen ...

Ich erinnere mich nur selten an Anfänge. Aber irgendwann begann es ..., im ländlichen Wisconsin auf einer Farm. In meiner deutlichsten Erinnerung war ich zehn Jahre alt und gerade am Einschlafen, oder ich dachte, ich würde schon schlafen, als ich hörte, wie die Tür meines Schrankes aufging. Ich setzte mich in meinem Bett auf und hörte plötzlich ein schwirrendes Geräusch, das immer lauter und schriller wurde, und als ich gerade dachte, es könne unmöglich noch lauter und schriller werden, spürte ich, wie sich etwas in meinen Körper hineinbewegte.

Ich erschrak furchtbar, aber ich konnte nicht schreien. Ich hatte keine Kontrolle über meine Sprechorgane. Die Gedanken rasten durch meinen Körper bis in die Hände und Füße, um irgendeine Körperempfindung zu finden, auf die ich noch Einfluss hatte.

Doch nichts reagierte. Ich war buchstäblich gelähmt vor Angst. Mein Atem wurde flacher, und schon bald hechelte ich nur noch.

Dann fühlte es sich plötzlich so an, als ob mein Körper von einem langen, weißen, nassen Laken bedeckt wäre. Es begann, sich von den Füßen an langsam zu heben. Quälend langsam. Sobald meine Zehen frei waren, konnte ich sie spüren und wackelte mit ihnen wie verrückt. So gewann ich langsam meinen ganzen Körper zurück. Und als das Laken endlich meine Kehle freigab, fing ich an zu schreien.

Dies geschah 1962, und es gab keinerlei Bezugsrahmen für eine derartige Erfahrung. Doch ich erlebte sie so real wie den sprichwörtlichen Herzinfarkt.

Einige Wochen später erwachte ich an einem drückend heißen Augusttag, weil ich einen Mann schreien hörte. Es schien mir aus unserem Garten zu kommen, und während er weiterschrie, sprang ich aus dem Bett und rannte nach draußen. Das Schreien hörte nicht auf. Doch wie ich da in meiner Unterwäsche im Garten stand, konnte ich nicht erkennen, aus welcher Richtung das Schreien kam. Unsere nächsten Nachbarn wohnten eine halbe Meile entfernt. Ich dachte, es hätte vielleicht bei ihnen einen Unfall gegeben.

Und dann … nichts. Es hörte auf. Das Schreien. Und ich stand da, die Füße nass vom Morgentau, und wunderte mich.

Einige Tage später erfuhr ich, dass an jenem Morgen ein ehemaliger Landarbeiter unserer Farm den Traktor seines neuen Arbeitgebers gestartet hatte, ohne zu merken, dass noch der Gang eingelegt war. Der Traktor machte einen Satz vorwärts und wurde dann von einer Wand aufgehalten. Der Landarbeiter geriet unter das sich drehende Hinterrad. Sie erzählten, seine Schreie seien ohrenbetäubend gewesen. Das Rad mahlte sich durch seinen Körper. Die Reibung des Stahls auf dem Zementfußboden setzte dann den Schuppen in Brand, und er wurde an Ort und Stelle eingeäschert.

Das Merkwürdige daran war nur, dass all dies in *15 Meilen* Entfernung geschehen war.

Als ich die Geschichte hörte, wurde mir klar, dass sich etwas verändert hatte – in mir. Aber es gab niemanden, dem ich mich hätte anvertrauen können. Ich hätte auch nicht gewusst, wie ich etwas vermitteln sollte, was ich selbst nicht verstand.

Ich verstehe es immer noch nicht.

Als ich 13 Jahre alt war, las oder hörte ich etwas über automatisches Schreiben. Ahnungslos, wie ich war, schloss ich die Augen, hielt einen Stift in der Hand und hoffte, irgendetwas würde durchkommen. Ich spürte, wie sich meine Hand über das Papier bewegte. Doch als ich die Augen öffnete, war es nur Gekritzel, in dem ich zum damaligen Zeitpunkt keine Worte erkennen konnte. Jahre später betrachtete ich noch einmal die erste Karte, die ich geschrieben hatte, und sah in der Mitte des Gekritzels deutlich das Wort *Energie* stehen.

Manchmal sieht man etwas erst, wenn es dran ist.

Ich ging zum College, auf die Universität von Wisconsin-Milwaukee, machte einen Abschluss in Theaterwissenschaften und erlebte mehrere sogenannte *übersinnliche Phänomene,* die ich alle als Zufall abhakte. Dann zog ich nach New York, um als Schauspieler Karriere zu machen. In einem Sommer bekam ich einen Job beim Colorado Shakespeare Festival in Boulder.

Dort angekommen, fand ich mich nicht nur auf dem Campus der Universität von Colorado wieder, sondern auch direkt neben dem Naropa Institute, eine vom Buddhismus inspirierte Universität, an der sowohl kontemplative Studiengänge als auch traditionelle westliche Disziplinen angeboten werden und wo in diesem Sommer Transzendentale Meditation (TM) stattfand. Eine gute Freundin aus New York nahm dort gerade an einem Sommerkurs teil und erzählte mir von TM. Ich wollte mich auch einschreiben, besaß als Schauspieler jedoch nicht das nötige Kleingeld, um mir ein Mantra zu kaufen. Also nahm ich »Om«, denn ich hatte gehört, das sei ein Mantra. Wie immer hatte ich keine Ahnung, was ich da tat, aber ich setzte mich jeden Morgen mit gekreuzten Beinen hin, »om«-te vor mich hin und wartete darauf, dass etwas geschah, dass sich mein Geist beruhigen würde oder was immer sonst passieren sollte.

Eines Morgens, als ich schon alle Hoffnung auf nennenswerte Ergebnisse aufgegeben hatte, geschah etwas. Meinen unruhigen Geist hatte gerade eine Frage bewegt, als eine Antwort kam. *Allerdings* …, es war nicht »meine« Antwort. Sie kam von etwas anderem. *Jemand* anderem. Jemandem, der auf eine völlig andere Art sprach als ich. Zögerlich antwortete ich der Stimme, und sie antwortete wieder. Dann noch eine Frage – und noch eine Antwort.

Ich hielt einen Moment inne und dachte: *Na toll! Jetzt bist du schizophren geworden!* Ich machte Colorado dafür verantwortlich, die Höhe, den Druck durch unsere Produktionen, vielleicht auch die ungewohnte Umgebung.

Und dann gab es in jener Vor-Computer-Zeit noch das Problem mit der Handschrift. Zuvor hatte ich nie damit Probleme gehabt, doch plötzlich fiel es mir schwer, die Buchstaben in meiner eigenen Schrift zu formen. Manchmal machten sie sich selbstständig und bildeten andere Worte. Es wurde allmählich lästig.

Ich überlebte Colorado und kehrte nach New York zurück. Kurz danach wurde ich in zwei Mordfälle verwickelt, bei denen ich beide Male kurz nach der Tat an den Tatort geriet. Da ich zu jener Zeit noch an energetische Unausweichlichkeiten glaubte, ging ich zu zwei voneinander unabhängigen Medien und fragte sie, was gerade los sei. Sie legten mir beide dringend nahe, New York zu verlassen – es sei zurzeit nicht die richtige Stadt für mich.

Ich hatte nie erwogen, nach Los Angeles zu ziehen, wie es meine frühere Mitbewohnerin gerade acht Monate zuvor getan hatte. Sie redete mir gut zu, doch auch dorthin zu kommen. Ich könne bei ihr wohnen und meiner Schauspielerei an der Westküste nachgehen.

Bis dahin gehörte ich zu den Ostküsten-Snobs, die niemals daran denken würden, in einem kulturell derart ungehobelten Staat zu leben. Doch nach den jüngsten Ereignissen hielt ich es für ratsam, dem Hinweis der Medien zu folgen und mich vom Acker zu machen. Also packte ich meinen Rambler, den ich gerade von meiner wundervollen Tante geerbt hatte, und schaffte es irgendwie bis zum Highway No. 10, dem ich bis zu seinem logischen Ende folgte.

In Los Angeles suchte ich mir sofort eine Bleibe. Ich hatte keine Ahnung von der Stadt und keine Ahnung, welche Stadtteile besser oder schlechter waren.

Eine Woche später zog ich in ein Apartment mit einem Klappbett ein, das nur einen Block von Grauman's Chinese Theater lag. Mehr Hollywood war kaum möglich.

Ich hatte alle meine Umzugskartons gerade in eine Ecke gestellt und mich auf das Klappbett gesetzt, um sie auszupacken, als der Raum bebte und zitterte. Ich dachte, das käme von dem Reise- und Umzugsstress. Aber es war mein erstes Erdbeben. Es ging fast so schnell vorbei, wie es angefangen hatte.

Als ich mich wieder gefangen hatte, beschloss ich, eine Bücherkiste auszupacken. Das oberste Buch war *Die Natur der persönlichen Realität* von Jane Roberts. Ich hatte in New York angefangen, darin zu lesen, und ein Lesezeichen eingelegt, um weiterzulesen, wenn ich einigermaßen im Land der Träume angekommen war. Ich schlug das Buch auf der Seite mit dem

Lesezeichen auf und begann zu lesen. In dem Kapitel ging es darum, warum Leute in Erdbebengebiete ziehen.

Nachdem ich eine Weile darüber nachgedacht und ein paar weitere Kartons ausgepackt hatte, beschloss ich, ein Nickerchen zu machen. Ich legte mich hin und fuhr eine Viertelstunde später plötzlich wieder hoch. Am Fußende meines Bettes saß eine alte Frau mit einem Schal über Kopf und Schultern. Meine erste Reaktion war: Wie ist diese Obdachlose trotz der verschlossenen Tür in mein Zimmer gekommen? In jenen Tagen gab es auf den Straßen Hollywoods viele Obdachlose. Doch sie wandte sich mir zu, lächelte mich an und löste sich dann auf. Verschwand, während ich sie ansah.

Willkommen in Hollywood.

Jane Roberts channelt in ihrem Buch ein Geistwesen namens Seth. Vieles daran erschien mir dubios – doch wie immer gab es hier und da kleine Erkenntnisse, die mir nützlich erschienen. Irgendwann meint Seth, wenn man eine Erinnerung an ein früheres Leben haben wolle, sollte man vor dem Einschlafen bewusst die Entscheidung treffen, von einem angenehmen früheren Leben zu träumen, an das man sich am Morgen erinnern würde.

Die ersten beiden Nächte passierte nichts. Dann, in der dritten Nacht, hatte ich diesen unglaublich lebhaften Traum, Ende der Zwanzigerjahre bei einer Party von Harold Lloyd zu sein. Dabei wusste ich kaum, wer Harold Lloyd war. Ich wusste nur, dass er jener Stummfilmstar war, der auf dem bekannten Bild an den Zeigern der Uhr hängt. Nicht viel mehr.

In jenem Traum bin ich jedoch in einem sehr großen Anwesen auf seiner Party. Ich betrachte Harold Lloyd, der nicht besonders glücklich zu sein scheint, und ich wende mich zu der Person, mit der ich gekommen bin, einer Fotografin, und frage: »Warum ist Harold Lloyd so unglücklich?«

Sie schaut mich an und sagt: »Er hat eine sehr dunkle Persönlichkeit.«

Dann bin ich aufgewacht. Ich dachte: *Wer um alles in der Welt träumt von Harold Lloyd und seiner dunklen Persönlichkeit?* Ich erzählte ein paar Freunden davon, die das genauso amüsierte wie mich, und wir lachten gemeinsam darüber.

Einige Tage später machte ich mich früh am Morgen auf den Weg zu jenem Platz, wo ich den Rambler geparkt hatte, doch ich fand nur eine leere Stelle. Das Auto war weg. Ich erschrak und dachte sofort, jemand hätte ihn gestohlen, doch mein nächster Gedanke war: *Wer würde schon einen Rambler stehlen?*

Ich rief trotzdem bei der Polizei an, um diese traurige Begebenheit zu melden, und man teilte mir mit, er sei nicht gestohlen, sondern abgeschleppt worden, weil meine Zulassung aus Wisconsin abgelaufen war.

Ich war darüber nicht besonders glücklich und fuhr mit dem Fahrrad nach Beverly Hills, um die Strafe zu zahlen, die meinen Rambler aus den Klauen einer übereifrigen Polizeibehörde befreien würde. Ich war noch nie im Rathaus von Beverly Hills gewesen. Als ich den langen Flur entlangging, bemerkte ich rechts und links Bilder von den großen Anwesen, die dort in den Zwanzigerjahren überall zu finden waren. Als mein Blick auf eines dieser Bilder fiel, hielt ich abrupt inne.

Ich dachte: *Ich kenne dieses Haus, ich weiß, dass ich dieses Haus kenne.* Ich schaute unten am Rahmen des Bildes nach, um zu sehen, was es darstellte. Groß und deutlich war da zu lesen: *DAS ANWESEN VON HAROLD LLOYD.*

Ich schnappte ein wenig nach Luft, und dann noch mal und stärker, als ich auf das nächste Bild schaute. In einer sehr formellen Pose war darauf Harold Lloyd auf einer Party zu sehen, und jeden einzelnen der Gäste hatte ich in meinem Traum gesehen, in genau denselben Kleidern, an die ich mich erinnerte. Ich war völlig perplex.

Ich starrte das Bild lange an, bis ich mich schließlich daran erinnerte, warum ich in diesem Flur war, und weiterging. Mit einem Blick zurück auf das Bild fragte ich mich, ob der Rambler vielleicht nur abgeschleppt worden war, damit ich dieses Bild sehen würde. Natürlich mischte sich mein Verstand ein und meinte, ich hätte dieses Bild wahrscheinlich in irgendeinem Buch gesehen und mein Unterbewusstsein hätte es dann in den Traum eingebaut.

Ja, so ergibt die Sache einen Sinn, dachte ich, während ich an den Kassenschalter ging, wo meine Brieftasche erheblich erleichtert wurde.

Ein paar Tage später rief mich eine Freundin an und meinte, ich müsse unbedingt zu diesem Medium in Simi Valley gehen. Er sei ganz bemerkenswert und habe bisher ohne Fehler noch jedermanns Geburtstag erraten.

Ich wusste zwar nicht, was daran so faszinierend sein sollte, wenn jemand anderer Leute Geburtstag errät, aber ich war interessiert. Ich hatte keine Ahnung, wo Simi Valley war. Ich machte mich auf den Weg und fuhr scheinbar endlos durch die Gegend.

Die Reise ins Unbekannte dauert immer etwas länger. Schließlich kam ich zu einem verwitterten kleinen Haus, das dringend einen neuen Anstrich nötig hatte und dessen Hausnummer unter den Bougainvilleas kaum noch zu erkennen war. Ich klopfte, doch niemand öffnete. Ich war etwas ungehalten, denn ich hatte mich auf dem Weg in diese abgelegene Gegend mehrfach verfahren. Damals gab es noch kein MapQuest, und die Buchstaben GPS sagten niemandem etwas.

Ich ging ums Haus herum. Dort saß an einem alten Resopal-Küchentisch ein noch älterer Mann in einem Trainingsanzug. Er erinnerte mich an einen Weihnachtsmann, der schon mal bessere Tage gesehen hatte. Ich fragte ihn, ob er den Mann kenne, dessen Namen ich ihm auf einem Stück Papier hinhielt.

Er meinte, das sei sein Name, und lud mich ein, mich neben ihn zu setzen.

Auf dem Weg zu dem Stuhl, den er mir an den Tisch rückte, liefen mir ein paar Hühner zwischen die Füße. Inzwischen fand ich diesen Kerl wirklich dubios. Er passte überhaupt nicht zu dem Bild, das ich von Leuten hatte, die Zugang zur »anderen Seite« haben, falls es überhaupt eine »andere Seite« gab. Er sah mich lange an und senkte dann nachdenklich den Kopf.

Nun ist es so, dass mein Geburtstag der 2. April ist. Meine Mutter kam am Sonntag, den 1. April ins Krankenhaus, weil sie Wehen zu haben schien. Aber sie konnten den Arzt nicht finden, und da ich mit einem Kaiserschnitt zur Welt kommen sollte, durfte die Geburt deshalb nicht weitergehen. Also warteten sie bis Montag, den 2. April, und um 8.01 Uhr erblickte ich dann das Licht der Welt.

Hier saß ich nun diesem wettergegerbten alten Mann gegenüber und fragte mich, was all das sollte.

Langsam hob er den Kopf. »Das ist mir noch nie passiert«, sagte er. »Ich kriege zwei Daten. Ich kriege den 1. April, aber geboren wurdest du am 2. April, richtig?«

Ich erbleichte und stammelte ein verblüfftes »Ja«.

Dann sah er mir direkt in die Augen und murmelte: »Du hast eine merkwürdige Verbindung zu Harold Lloyd. Hat dir das schon mal jemand gesagt?«

Ich war total schockiert. Ich hörte kaum noch etwas von dem, was er danach sagte. Wie um Himmels willen konnte er von all den Menschen, die es gab und gegeben hatte, ausgerechnet auf den Namen Harold Lloyd kommen?

Ich kehrte nach Hollywood und in die scheinbare Normalität zurück. Es war mir unbegreiflich, wie dieser Mann wissen konnte, was er wusste.

In all dieser Zeit war die Stimme, die ich in Colorado gehört hatte, ab und zu wieder aufgetaucht. Ich ignorierte sie oder tat so, als würde ich sie nicht hören.

Ende 1992 besuchte ich dann eine Freundin, die gerade eine emotional schwierige Zeit durchmachte. Während ich mit ihr sprach, spürte ich, dass jemand oder etwas in mir das Gespräch übernehmen wollte. Diese Präsenz in mir wurde immer stärker, und ich fing an, mich schwindelig und schläfrig zu fühlen.

Schließlich sagte ich zu ihr, ich hätte den Eindruck, »etwas oder jemand« wolle mit ihr kommunizieren und ich würde spüren, wie ich das Bewusstsein verliere. Ob es für sie in Ordnung sei, wenn ich für einen Augenblick aus dem Weg ginge.

Das Gefühl nahm weiter zu, und der Golden Retriever meiner Freundin fing an, erst zu jaulen und dann ängstlich zu bellen. Schließlich wurde ich bewusstlos, aber ich spürte, wie jemand meine Stimmbänder nutzte, und ich fühlte, dass meine Arme und Hände gestikulierten. Ich verstand nicht, was gesagt wurde.

So ging es eine Weile, bis ich spürte, dass sich die Präsenz wieder zurückzog und ich mein Bewusstsein wiedererlangte, wenn mir auch noch etwas schwindelig war.

Ich sah meine Freundin an. Der Mund stand ihr offen wie ein Scheunentor. Ich fühlte mich, als sei ich aus einem tiefen Schlaf erwacht. Ich fragte sie, was geschehen sei, und sie meinte nur, es sei etwas sehr Persönliches gewesen. Sie schien sehr bewegt und verwundert zu sein. Ich drang nicht weiter in sie.

Als ich mich von ihr verabschiedet hatte, fühlte ich mich äußerst unwohl und auch etwas ängstlich. Ich war mir nicht sicher, wie andere Leute dieses Phänomen aufnehmen würden, falls so etwas noch einmal passieren würde.

Ich beschloss, die ganze Angelegenheit für mich zu behalten (Jahre später erzählte mir diese Freundin, das Geistwesen habe mit ihr über das Kind gesprochen, welches sie in sehr jungen Jahren zur Adoption freigegeben hatte).

Einige Zeit später erhielt ich einen Job als Koordinator der »OUTAuction«-Spendenaktion in Los Angeles. Es war eine wirklich große Aufgabe, und als alles vorbei war, nahm ich drei Sitzungen bei einem Chiropraktiker namens Eric Pearl. Ich war noch nie bei einem Chiropraktiker gewesen und war mir noch nicht einmal sicher, was Chiropraktiker tun, aber ich befand mich in Kalifornien und dachte, so etwas sei wohl irgendwie Teil der Erfahrung von Los Angeles.

Ich ging in die Praxis am Melrose Place und setzte mich in den bequemen, freundlichen Wartebereich. Ich wurde in einen kleinen Raum gebeten und wartete dort etwas beklommen. Als Dr. Pearl eintrat, dachte ich, dieser Mann sieht überhaupt nicht aus wie ein Arzt. Ich legte mich auf die Behandlungsliege, und innerhalb kürzester Zeit überkam mich jenes Gefühl der Schläfrigkeit. Ich rang darum, wach zu bleiben. Ich dachte, ich kann doch nicht gleich bei meiner ersten Sitzung einschlafen. Das wäre doch unhöflich.

Während der Behandlung kämpfte ich weiter gegen den Schlaf und fragte mich währenddessen, wie ich wohl noch zwei weitere Behandlungen überstehen würde.

Und genauso kam es. Bei meinem nächsten Termin fing es wieder an, nur dass ich diesmal noch härter darum ringen musste, wach zu bleiben. Ich wusste nicht, wie ich das erklären sollte, und war mir unsicher, ob ich diese Empfindungen überhaupt erwähnen sollte.

Vor der nächsten Sitzung sprach ich Dr. Pearl auf das Phänomen an. Ich wollte wissen, ob das vielleicht für chiropraktische Sitzungen typisch sei. Er sah mich leicht amüsiert, aber fasziniert an. Er riet mir, nicht gegen das Gefühl anzukämpfen, sondern mich ihm hinzugeben.

Das tat ich. Und dieses Buch ist das Ergebnis meiner nachfolgenden Sitzungen mit ihm.

Begreife ich, was da passiert? Nein, das tue ich nicht. Ich weiß nur, dass ich in gewisser Weise das Bewusstsein verliere, und wenn ich wieder zu mir komme, weiß ich vielleicht noch ein Wort oder ein Bruchstück eines Satzes, mehr nicht.

Ich habe Solomon, wie wir die Stimme genannt haben, inzwischen mit vielen anderen Menschen sprechen lassen, die mir über den Weg liefen und die gerade Orientierung oder Rat brauchten. Für Eric hatte Solomon jedoch eine klare Aufgabe. Solomons Rat hat zu den Sitzungen geführt, die in diesem Buch beschrieben werden, und letztlich zu *Reconnective Healing,* das Dr. Pearl in die Welt gebracht hat. Ich halte Solomons Botschaft für universell, aber darüber werden letztlich Sie entscheiden ...

EINLEITUNG

Bevor Sie mit der Lektüre des Materials fortfahren, das Fred und ich in diese Seiten gepackt haben, möchte ich Sie an ein paar Erkenntnissen teilhaben lassen, die ich im Laufe meiner Reise durch dieses Material entdeckt habe, um Sie zu inspirieren, wie Sie es am wirksamsten nutzen können.

Der Name *Solomon,* den wir der bewussten Intelligenz gaben, die uns diese Informationen zukommen ließ, fasst eigentlich zwei verschiedene Wesenheiten zusammen. Die Intelligenz, die als erste durch Fred und über fünfzig meiner Patienten sprach, titulierten wir *Aaron.* Doch schon bald tauchte in unseren Sitzungen die Stimme, die Intelligenz auf, die wir mit *Solomon* ansprechen. Zum leichteren Verständnis haben wir uns entschieden, das gesamte Material »Solomon« zuzuschreiben, also der Stimme, die uns die Informationen übermittelte, sei es als Aaron oder als Solomon. Der größte Teil des Materials in diesem Buch stammt von Aaron und Solomon, die sich für Fred als »Sprachrohr« entschieden. Sie können sich Fred gewissermaßen als das Telefon vorstellen und Aaron und Solomon als die Anrufer. Wir – Sie und ich – sind gewissermaßen die Empfänger dieses Anrufs.

Die Kapitel mit Solomons Informationen geben weitestgehend wörtlich wieder, was gesagt wurde. Die Kapitel entsprechen im Wesentlichen den einzelnen Sitzungen in der Reihenfolge, in der sie stattfanden. In manchen Fällen haben wir auch Teile von Sitzungen zusammengefasst, wenn dasselbe Thema in verschiedenen Sitzungen auftauchte.

Wie Sie vielleicht bemerken werden, wirken Solomons Rhythmus, Grammatik und Satzbau zunächst etwas fremd. Unsere Interpunktion ist dabei lediglich als Vorschlag zu betrachten (ich würde jedoch nicht raten, diesen Ansatz gegenüber einer

Deutschlehrerin zu vertreten!). Solomon spricht manchmal in der ersten Person Singular (»ich«) und manchmal in der ersten Person Plural (»wir«). Er verleiht dem Gesagten oft eine besondere Bedeutung, indem er die Worte mit großem Nachdruck ausspricht, was wir durch Kursivsetzung zu vermitteln versuchen.

Außerdem wiederholt Solomon einige Punkte immer wieder. Sie müssen wissen, dass dieses Material im Laufe mehrerer Jahre übermittelt wurde, in denen viele Sitzungen stattfanden. Manche Punkte mussten mehrmals gesagt werden. Wir haben zwar versucht, diese Wiederholungen auf ein Minimum zu reduzieren, doch wo wir den Eindruck hatten, dass Solomon bestimmte Punkte bewusst mehrfach gesagt hatte, haben wir die Wiederholungen belassen. Indem wir es möglichst nahe am Original lassen, können wir meiner Überzeugung nach am ehesten die Dichte und die Intention der Erfahrung und der Botschaft wiedergeben.

Tatsache ist, dass *ich* es manchmal mehrfach hören musste. Ich war vielleicht auch nicht der einfachste Schüler. Um die Informationen tiefer zu erfassen, musste ich sie verarbeiten, erfahren und prüfen – manchmal auch ohne dass ich es selbst auf eine Prüfung angelegt hätte. Im realen Leben begleiteten sie mich in meinem Prozess, Heiler zu werden. Doch sie bieten sehr viel mehr als das. Ich habe darin Erkenntnisse gefunden, die auf jeden Lebensbereich zutreffen.

Dieses Material ist auf vielen, vielen Ebenen verfasst. Eben diese verschiedenen Bedeutungsebenen machen es unter anderem so faszinierend. Die vielen Ebenen *potenzieller* Bedeutung. Die Tore, die sich uns öffnen, um uns durchzulassen. Obwohl ich bei jeder einzelnen Sitzung anwesend war, gewinne ich, je öfter ich das Material lese, immer noch tiefere Einsichten. Viele Menschen werden dieses Material nicht so leicht mit einmaligem Durchlesen aufnehmen können. Und vielleicht werden Sie es wie ich wieder und wieder lesen. Manchmal lese ich das Buch gerne von vorne bis hinten durch und genieße die Entwicklung von einer Sitzung zur nächsten. Zu anderen Zeiten schlage ich es einfach irgendwo auf und lasse mich davon überraschen, wo mich mein Instinkt an diesem Tag hinführt. Die Synchronizität zwischen dem, was im Buch erwähnt wird, und dem, was an diesem Tag in meinem Leben passiert, ist oft absolut verblüffend. Ich erhalte Antworten auf Fragen, von denen ich nicht einmal wusste, dass ich sie gestellt hatte.

Meiner Erfahrung nach ist es eine gute Idee, während der wiederholten Lektüre des Solomon-Materials die eigenen Gedanken und Erkenntnisse zu notieren. Ich möchte Sie ermutigen, sich nach jedem Kapitel Notizen zu machen und Ihre Eindrücke oder Fragen in einem Tagebuch oder Notizbuch festzuhalten.

Mir verschafft das Zeit und Fokus, um meine Erfahrungen mit dem Material zu integrieren. Und es fasziniert mich, ab und zu in das hineinzuschauen, was ich vor zwölf Jahren dazu notiert habe – oder vor zwölf Monaten –, und die Entwicklung meiner Ansichten und Einsichten zu erkennen. Deshalb versehe ich meine Notizen immer mit einem Datum.

Wie mir bei der Zusammenstellung dieses Buches bewusst wurde, ist es für mich am besten, das Material nicht in einem Rutsch durchzulesen, sondern es häppchenweise zu genießen und mir zwischen den Kapiteln Zeit zu lassen, das Gelesene »einzuatmen« und darüber nachzusinnen, wie es zu meinen eigenen Lebenserfahrungen passt. Das Schreiben hat mich darin unterstützt.

Manchmal schienen sich Teile des Materials zu widersprechen. Doch wenn ich tiefer hineinschaute …, tiefer nachforschte, zeigte sich mir plötzlich, wie die scheinbaren Gegensätze eins wurden, sich vereinigten. Und dann wundere ich mich, wie ich das beim ersten Mal – oder die ersten drei Male – nicht erkennen konnte! Ich finde dieses Material so zeitlos und so umfassend, dass ich vorhabe, es im Laufe meines Lebens noch viele, viele Male zu lesen.

Fred und ich – und die vielen, die das Material auch gelesen haben und freundlicherweise ihre Zeit und ihre Rückmeldungen beigesteuert haben, um den besten Weg zu finden, es Ihnen zu vermitteln –, wir alle haben darüber hinaus bemerkt, wie sehr sich schon allein durch das Aufnehmen der Informationen unser Wohlbefinden gesteigert und ein Empfinden von Heilung eingestellt hat. Das wird natürlich bei jedem unterschiedlich sein, aber wir sind davon überzeugt, dass es auch bei Ihnen zu deutlich spürbaren Erfahrungen kommen kann.

Diese Sitzungen waren Teil meines Wachstumsprozesses zur Entwicklung von *Reconnective Healing*. Doch inzwischen habe ich festgestellt, dass sie für jeden lebenswichtig sind – sie sind nicht nur für jene relevant, die Heilen lernen oder eine Rolle in der Welt des Heilens einnehmen wollen, sondern für alle, die das Leben insgesamt verstehen möchten. Auch wenn es manchmal so scheinen mag, als ob das Material sich an mich persönlich oder nur an Heiler wendet, ist es doch universell anwendbar. Es führt Sie durch meine Höhen und Tiefen; wirft Licht auf mein persönliches Wachstum, meine Weiterentwicklung und meine Erfolge, aber auch auf die Bereiche, wo noch Wachstum, oft viel Wachstum, Weiterentwicklung und Erfolg möglich sind.

Manchmal hört sich das vielleicht so an, als ob mir – uns – Lob ausgesprochen wird, manchmal klingt es eher nach Kritik. Meiner Meinung nach soll diese Kommunikation weder das eine noch das andere zum Ausdruck bringen, sondern vielmehr unser Potenzial beleuchten, unser neu erweitertes Potenzial für eine neu erweiterte Zeit. Und es soll uns daran erinnern, dass jeder von uns – auf unserer Reise durch unser Leben mit seinen Höhen und scheinbaren Tiefen – ein Segen ist. Und wir sind ganz bestimmt nicht allein.

Wenn Sie also heute in diesem Buch lesen, können Sie es *direkt zu sich* sprechen lassen. Denn genau das tut es. Es wendet sich direkt an *Sie*. In diesem Buch geht es nicht um Wahrsagerei, und es enthält keine Prophezeiungen über die Zukunft. Es bietet Ihnen vielmehr Erkenntnisse über das Leben an, mit deren Hilfe sich jeder und jedem von uns eine umfassendere Ebene der Heilung unserer selbst und anderer erschließt, weil es uns den Weg zu umfassenderen und tieferen Schichten unserer selbst und anderer weist. Mit anderen Worten: Es geht um Rückverbindung, um Heilung anderer, um Heilung unserer selbst.

Wie Solomon sagt: »Wir sind alle eins.« So hoffe ich, dass Sie, indem ich Sie auf meine Reise mitnehme, Teile *Ihrer eigenen* Reise entdecken. Genießen Sie die Landschaft. Dies ist ein Werk der Liebe. Gehen Sie …, treten Sie durch die Tür.

Eric Pearl

Staune ...

Erkenne eine andere Ebene ...,

Teil einer viel umfassenderen Ebene ...

Du bist immer Teil des Zyklus gewesen ...

Du bist hier, um deine Wahrnehmung zu fördern ...

Du betrittst eine hohe Ebene der Existenz ...

Es gibt da viel zu verstehen.

1

WER IST SOLOMON?

Anmerkung von Eric und Fred:
Der Text auf der vorstehenden Seite war eine der frühen Botschaften von Solomon. Wir waren neugierig, wer genau Solomon ist, und fragten ihn in unseren Sitzungen direkt nach seiner Identität. Wir hielten es für das Beste, wenn wir ihn sich einfach selbst vorstellen lassen ...

Wir sind uns *alle* schon begegnet, und da sind wir nun. Kein Zufall, stimmt's? Du musst verstehen, dass unsere Leben auf eine sehr tiefe und komplexe Art miteinander verbunden sind. Es ist ein ineinander verwobenes Gewebe der Existenz. Und es ist wunderschön. Wir werden zusammenarbeiten. Und wir werden dabei kühn sein.

Wir mögen Namen. Es spielt für mich kaum eine Rolle, mit welchem Namen du mich herbeirufst. Wenn *Solomon* passt, dann ist das vollkommen akzeptabel. Aaron mag seinen Namen sehr. Er ist sehr sympathisch.

Ich bin im Wesentlichen ein Teil jenes spirituellen Bereichs, der als *Aaron* bezeichnet werden kann, und Aaron hat viel mit mir zu tun, dem, was du *Solomon* nennst. Ich bin keine Wesenheit, wie ihr sie wahrnehmt. Ich kommuniziere über diesen Körper ein reiches Wissen, welches aus den Erfahrungen vieler, vieler Energien kommt. Ich bin ein Produkt dieser Energien, die sich einig sind und eingewilligt haben. Dies ist einfach nur die Manifestation, nicht das, was es wirklich ist, so wie der Wind, der durch die Bäume weht. Der Wind ist nicht das Geräusch der raschelnden Blätter, doch dieses Geräusch ist seine Manifestation. Er spricht in einer Sprache, die ihr verstehen könnt. Aber in Wirklichkeit geschieht – in diesem Bereich – ein Energietransfer. Das ist die Qualität davon.

Die Worte sind erkennbar, aber auf einer tieferen Ebene geht ein weiterer, tiefgründigerer Energietransfer vor sich. Wir sind Wesenheiten, die viel Energie zusammengetragen haben, welche denjenigen hilft, die in dieser Zeit schneller Veränderungen ihren Weg finden müssen. Sie sind hier und wir sind hier, um den Wandel sichtbar werden zu lassen und ihnen dabei zu helfen, damit umzugehen, während er sich zeigt.

Letztlich gehören wir alle zu einer größeren Wesenheit derselben Energie, deshalb möchte ich euch nicht zu dem Irrtum verleiten, zu meinen, wir seien sehr eigenständige Persönlichkeiten. Auf einer gewissen Ebene sind wir es, aber in einem anderen, *umfassenderen* Zusammenhang sind wir eine Kraft. Wir erblühen auf unterschiedliche Weise.

Ich versuche, einen Weg zu finden, dir zu helfen, es dir vorzustellen. Wir sind Blutsverwandte. Unsere Kraft war die Kraft der Ewigkeit. Unsere Leben manifestieren diese Ewigkeit in verschiedenen Bereichen. Wir sind eins mit unseren Leben, und wir sind eins mit der Ewigkeit.

Ich stamme aus einer Energiequelle, die es schon seit allen Zeiten gab. Es gab sie in der Empfängnis des Lebens selbst. Es ist eine Ebene der Existenz, die völlig unberührt blieb – bis vor Kurzem. Sie ist gekommen, weil der Weckruf erklang.

Sie kommt auf eine Weise, die für unser umfassenderes Verständnis der Kräfte, die im Universum wirken, grundlegend wichtig ist. Unser Wesen ist gewissermaßen eine Familie von Energien, die zusammenfließen. Es gibt viele Mitglieder dieser Familie, Fred und Eric gehören dazu, und du auch. Wir haben gewissermaßen Missionen, auf verschiedenen Ebenen. Unsere Mission hier ist dringlicher Natur: Die Menschen müssen ihre

Rollen im Universum begreifen. Es liegt eine großartige Zeit vor uns. Aber auch ein großer Kampf.

Wir sind schon zuvor für dich da gewesen. Wir sind immer hier gewesen. Wir tragen dich in unseren Herzen und werden dabei ein Teil des DAS-WAS-IST sein. Wir spüren deine Energie.

Ich bin nur ein Vermittler zu einer größeren Energie. Ich bin Teil dieser Energie, und ich gebe sie an dich weiter. Sie ist da, um zu helfen. Ich bin genauso ein Vermittler wie du. Wir sind eine Kette, die zur Mitte führt, zum DAS-WAS-IST.

Ich bin ein Repräsentant einer weiteren Facette dieser Energie. Wir sind viele Individuen in einem Kraftfeld. Wir bringen verschiedene Facetten einer umfassenderen, sich enthüllenden Wahrheit zum Ausdruck.

Du fragst dich vielleicht, ob ich eine Person bin, weil ich in dieser Interaktion persönlich auftrete. Wenn ich da wäre und es dich einfach erleben ließe, wäre das wertvoll, aber du würdest es nicht erkennen.

Mit anderen Worten: Ich spreche durch Fred – wodurch die Menschen sich irgendwie bestätigt fühlen, weil ich niemanden irgendwie bewerte. Mir geht es nicht darum, irgendjemanden zu bewerten. Ich bin nur hier, um ihnen zu helfen, sich zu erinnern, wer sie sind, wie großartig sie sind, und sich der Großartigkeit aller menschlichen Lebensformen zu erinnern und des Respekts, der jedem entgegengebracht werden sollte. Wenn das ganz erkannt und verwirklicht ist, dann habt ihr das Paradies.

STAUNE ...

Staune ... Erkenne eine andere Ebene ..., Teil einer viel umfassenderen Ebene ...

Du bist immer Teil des Zyklus gewesen ... Du bist hier, um deine Wahrnehmung zu fördern ...

Du betrittst ein hohe Ebene der Existenz ... Es gibt da viel zu verstehen.

Du verstehst etwas, das dich in eine andere Erfahrung befördern wird. Dies ist nur der Anfang einer spannenden Reise.

Ich bin schon zuvor hier bei dir gewesen. Du sollst wissen, dass im Verbindung-Aufnehmen keine Gefahr besteht, doch du musst es auf eine Weise tun, die mit dem Universum im Einklang steht; du kannst das nicht mit deiner Logik erfassen.

Die Musik deines Lebens liegt in deinem Instinkt.

Dein Leben ist so sinnvoll wie deine Fähigkeit, Verbindung aufzunehmen. Dieses Bestreben bereichert dich.

Energie ist DAS-WAS-IST in deinem Leben; sie ist stets allgegenwärtig. Sie ist nicht zu gefährden und lässt sich nicht täuschen.

Du bist ein Novize dieser Welt. Dies ist deine Lehrzeit.

Ich möchte, dass du verstehst. Du lebst dein Leben ... Es ist deiner Erfahrung eingeschrieben; es hat sein Fundament ganz klar und deutlich in deinem eigenen Weg. Du siehst, es lässt sich nicht vorherbestimmen.

Es gehört zu deinem Sein, dass diese Energien durch dich hindurchfließen. Ich bin nicht nur ein Teil, sondern ein Teilnehmer dieses Austauschs, der nicht außerhalb von dir stattfindet. Er findet in dir statt.

Ich möchte, dass du fühlst, dass diese Kraft spürbar ist. Fühle sie. Kannst du sie fühlen? Du hast Zugang zu ihr. Sie ist ein Kanal zu einer dir zur Verfügung stehenden Weisheit, zu einer im Raum existierenden Erhabenheit. Du hörst es mit deinem Leben. Es gehört dazu, dass du nach dieser Kraft verlangst, denn in ihr liegt die Größe der gesamten Existenz.

Du hast ein Herz, das bereit ist, geöffnet zu werden. Darin liegt eine schwierige Verantwortung, weißt du. Es ist in vielerlei Hinsicht überwältigend, aber es wird die Lebenskraft, die du bereits besitzt, anheben.

Energie ist der Schlüssel, der dich mit einer umfassenderen Hoffnung verbindet.

Durch dich – und deine Hände – strömt eine Naturkraft, die auf Umweltreize reagiert. Es ist eine gegenseitige Begegnung. Sie tritt ein, fließt durch und tritt aus. In diesem Austausch wirst du die Existenz verstehen, wie du es schon so lange ersehnst.

Dies steht vielen offen, aber die Augen sind blind, weißt du. Nur ein paar wenige wagen es, ihre Augen zu öffnen, und die es tun, sind oft geblendet von dem, was sie sehen.

Die Art von Wissen, welches du suchst, steht in deinem Herzen geschrieben. Es befindet sich nicht außerhalb von dir.

Du versuchst, dazu Zugang zu bekommen – dabei wünsche ich dir größtmöglichen Erfolg. Doch es ist *deine* innere Suche. Das wird dir im weiteren Verlauf klarer werden. Diese Suche ist eine Zeit des Übergangs in deinem Leben.

Du wirst spüren, wie sich Widersprüche auf eine Weise ineinander verwickeln, die du nicht willst. Es entspricht nicht immer deinem klaren Wunsch. Es wird ein Erkennen einer spürbaren Kraft geben. Im Laufe der Zeit wird sich das klarer anfühlen.

Dies sind sehr schwierige Zeiten. Und so viele Herzen bleiben unberührt. In gewisser Weise besteht deine Aufgabe darin, ein spirituelles Herz mit einer spirituellen Existenz zu verbinden. Das ist nicht immer ein einfaches Unterfangen. Aber genau darin besteht die Suchreise des Lebens. Du musst dir einen anderen Zustand zugestehen. Es ist Zeit, sehr viel mehr zu fühlen. Erlaube dieser Lebenskraft, dich zu durchdringen.

BEWEGE DICH VORWÄRTS

Meinem Empfinden nach sind wir alle schon einmal hier gewesen. Dies ist eine Art Wiedersehen. Wir haben in einem anderen Feld miteinander Verbindung aufgenommen, doch jetzt sind wir hier. Ich habe verstanden, dass du von woanders herkommst, aus der unendlichen Quelle. Ich spüre eine Art sprudelnden Strom. Das ist ein Teil von dir.

Ich habe dich schon früher gehört. Du hast ein ausgeprägtes Kommunikationsbedürfnis. Ich habe eine Energie, die aus einem anderen Universum kommt. In Bezug auf physische Manifestationen ist das nicht wichtig.

In unserer Essenz haben wir uns alle in der Vergangenheit miteinander vereint, und aus dieser Übereinstimmung unserer Herzen heraus gilt es, unsere Mission in dieses Leben hier zu wagen.

Letztlich ist es eine Form, in der wir diese Energie manifestieren. Diese Form, die wir annehmen, ermöglicht uns den Austausch zwischen dir und mir. Es geht nicht um die Manifestation, sondern um den Energieaustausch.

Es geschieht so viel Leiden in der Welt, und unser Leiden kann uns von unserem Weg wegführen, wenn wir es zulassen, aber allzu häufig negieren wir unser Leiden und machen uns zu seinem Opfer. Leiden kann sehr viel Freude bringen – wenn es fokussiert ist. Die Lektionen, die wir miteinander austauschen, gehen von Lebenszeit zu Lebenszeit weiter.

Ich spüre, wie sehr du verstehen möchtest, was wirklich ist. Das ist nicht leicht zu verstehen. Es ist eine Energie, die aus der Ewigkeit stammt.

Schöpfung entspringt einer einzigartigen, beispiellosen Kraft. Mit dieser Art von Verstehen ist sie nicht zu erfassen. Sie manifestiert sich in Augenblicken, in denen wir aus Liebe und Wohlwollen heraus schöpferisch sind. Böswilligkeit ist nur ein verdrehter Strick. Sie braucht eigentlich nur entwirrt und begradigt zu werden.

Energie ist ein Pool, aus dem wir trinken. Sind wir durstig? Die Art deines Durstes bestimmt, was auf dich zukommt.

Manchmal spüren wir eine Getrenntheit zwischen uns. An diesen Stellen irren wir uns oft in unserem Verständnis. Wir sind hier alle eins. Wir erblühen in unterschiedlichen Feldern. Wir stammen aus demselben Boden.

Ich möchte, dass du verstehst, wenn du verstehen willst, dass wir unsere eigene Schwingung haben …, aber wir bestehen aus demselben Klang. Wir alle bringen mit unserem Tun die Musik des Lebens zum Klingen, wenn man so will. Wir alle erleben Disharmonie, wenn wir merken, dass uns Energie genommen wird. Das fühlt sich an wie verlassen zu werden. Das ist das Kind, das umherirrt und sich allein fühlt – zurückgeworfen auf das, was wir für unsere Hilfsmittel halten. Wir verirren uns. Das tut immer weh. Es kann jedoch geheilt werden. Die Stimme, die in dir auftaucht, ist die Stimme, die dich heilt.

Es ist essenziell wichtig, beharrlich dranzubleiben, trotz unserer beschränkten Farbpalette. Es gibt andere Farben. Wir werden sie entdecken, aber auf dieser Ebene sind wir begrenzt.

Vielleicht spürst du in deinem Herzen eine Begrenzung, die es aufzulösen gilt. Doch sie kommt aus deinem Herzen. Da muss deine Arbeit ansetzen. Ich wünschte, ich hätte den Zugang für dich. Das wäre eine prophetische Art von Antwort. Aber es geht darum, Erfahrungen mit dieser Art von Fragen zu machen. Darin liegt eine Orientierung auf das Erfahren. Ohne Erfahrung gibt es auf dieser Ebene nur wenig Wachstum. Es ist sehr frustrierend, so unglaublich viel Potenzial vereitelt zu sehen.

Wir haben die Macht, zu vereinen, doch wir streben nach Aufspaltung. Das ist sehr schade.

Ich verstehe dein Verlangen, und dieses Verlangen erfüllt mich mit Wärme. Ich fühle, ich möchte euch alle umarmen, aber wir müssen erst unser eigenes Leben umarmen und uns dann vereinen. Wir haben so viel Macht.

Bewege dich vorwärts. Fließe vorwärts. Unaufhaltsam, wie eine Welle. Sie bewegt sich. Ich wünsche dir alles Gute.

UNSER INSTINKT IST DIE GESAMTSUMME
VON ALLEM-WAS-IST

Ich spüre dich hier. Es gibt vieles, was ich dir sagen möchte. Wir sind schon zuvor hier mit dir gewesen. Wir spüren, wie deine Not nach uns ruft. Wir möchten, dass du diese Energie durch dich hindurchfließen spürst.

Interaktion zwischen den Arten ist so wichtig, um dieses Leben zu verstehen. Wir haben uns so weit voneinander entfernt. Deshalb ist die Fähigkeit, Kontakt aufzunehmen, so wichtig für diese Existenz. Ihr müsst verstehen – wir sind hier, um einander zu helfen, und wir werden das weiterhin tun. Deshalb bist du hier. Du öffnest dich dafür, Kontakt aufzunehmen. Darauf kannst du stolz sein. Du bist spirituell mit einer höheren Quelle verbunden, die durch dich hindurchfließt.

Eure Herzen sind hier, um einander zu erfüllen. Euer Leben will unbedingt entdeckt werden. Wir dürfen nicht mehr die Augen verschließen. Es gibt zu viel unnötig erfahrenes Leiden. Eure Leben sind in einem Übergangszustand. Ihr seid in einer Art Fluss.

Zum Beispiel ist es kein Zufall, dass Erdbeben auftreten. Wir betrachten diese Ereignisse als etwas von uns Getrenntes, aber das sind sie nicht. Tatsächlich sind sie eine Manifestation der Veränderung, die in jedem Einzelnen von uns stattfindet. Das Ergebnis ist ein Erdbeben. Und auch Beben in unserem Leben, die bewirken, dass wir alle unser Leben auf tiefe Weise überprüfen. Sie sind Katalysatoren für uns alle. Sie bringen Licht, auch wenn sie Angst machen.

Veränderung kann ängstigen. Es ist so viel leichter, Traurigkeit zu erleben; das ist uns angenehm/vertraut. Das ist Veränderung. Es ist eigentlich eine physische Manifestation eines tieferen Erdbebens. Eines spirituellen Erdbebens.

Dabei wird Energie übertragen. Sie ist zyklischer Natur. Sie wird auf unterschiedliche Weise übertragen und nimmt verschiedene Formen an. Wenn aus Wasser Eis wird, wird es zu einer neuen Schöpfung. Doch eigentlich ist es immer noch Wasser.

In diesem Sinne verwandeln wir uns in unserem Leben in verschiedene Formen. Jede dieser Formen kann als Schöpfung betrachtet werden. Aber eigentlich ist es ein Energietransfer. Ist es immer gewesen. Aus der engen Perspektive unserer Ebene sehen wir ein Baby und halten es für eine neue Schöpfung. Doch dieses Baby ist sehr alt.

Wenn du mich fragen würdest, ob es einen Anfang gibt: Es gibt keinen. Es gibt DAS-WAS-IST – wir spüren es hier; wir erschaffen es dort. Aber es ist auf dieser Ebene unmöglich, diese äußerst komplizierte, schwierige Frage zu beantworten, wo die Antwort doch eigentlich in unserem Instinkt liegt.

Unser Instinkt ist die Gesamtsumme von ALLEM-WAS-IST. Wir räumen einen Weg frei. Dieser Instinkt …, das ist es, was uns leitet. Dem Instinkt zu vertrauen und ihn zu entdecken.

Ich möchte die Verbindungen betonen, die wir alle haben. Stärke sie. Ohne sie haben wir verloren. Es gibt gerade eine große Bewegung, sich zu isolieren. Virtuelle Realitäten, virtueller Sex, Informations-Autobahnen. All das zielt darauf ab, uns voneinander abzuschneiden.

Ihr werdet merken, dass es in dieser Technologie einen Aufstand geben wird. Doch der beruht auf Angst. Übertragbare Krankheiten, Verbrechen …, schon bald werden wir nicht mehr auf der Hut sein. Aber wir müssen achtgeben – wir müssen offen sein.

Es gibt hier eine kollektive Mission. Diese Mission will in jeder nur möglichen Form in Kontakt gehen. Es ist so wichtig.

Bei diesem Kontakt, dieser Interaktion, werden Informationen ausgetauscht, und das nicht nur auf verbaler Ebene. Es wird Energie ausgetauscht.

Wenn die Energie eine hohe Qualität hat, wird sie ausgetauscht. Und sie erblüht in einem anderen Individuum. Dabei geht es nicht um das, was gesagt wird. Es geht um die Absicht.

Wenn wir von einer höheren Warte aus in Kontakt gehen, erhöhen wir die Energie zwischen uns allen. Diese höhere Energie entspringt dem Instinkt – unserem Instinkt. Das Freiräumen des Wegs dahin sollte nicht unterschätzt werden, obwohl manchmal nicht klar ist, ob unsere Ohren auf den »Instinkt« horchen oder auf »negative Stimmen«. Auf der Suche nach dem Instinkt wird es für euch klar werden.

Wir haben mit Zugang zu Informationen zu tun, wir alle. Wir greifen darauf zu. Wir verarbeiten sie. Und wir tauschen sie aus. Sie ziehen in die Welt wie die Ringe, die ein ins Wasser geworfener Kieselstein erzeugt. Das tust du, wenn du Wertvolles erschaffst.

Wir müssen diese Kieselsteine werfen. Die Welt wird sich verändern. Deswegen sind wir hier. Es ist von höchster Wichtigkeit. Deswegen bist du aufgetaucht. Du hast dieses Buch nicht zufällig in die Hand genommen. Du bist der Grund! Das musst du entdecken. Sonst wäre ich nicht hier.

5

JEDER AUGENBLICK DES LEBENS
BIRGT EINE UNIVERSELLE WAHRHEIT

Wir möchten, dass du weißt, dass wir für dich da sind. Wir sind gekommen, um dir zu helfen. Unsere Leben sind vereint.

Wir haben so viel auszutauschen in dieser kurzen Zeit. Es liegt Größe in diesem Prozess. Wir müssen uns auf eine Weise vereinen, die eine Klärung bringt.

Du hast diese Arbeit begonnen, und es ist wichtig für dich, all das, was du aufnimmst, zusammenzubringen. *Dieser Energie-Pool ist riesig.* Diese Energie strömt durch uns alle. Es ist wichtig, dass wir uns um sie kümmern. Dass wir sie nähren.

Es findet gerade ein Übergang statt. Es ist wichtig, dass diese Energie sich organisch zeigt und die Leben berührt, mit denen wir in Kontakt kommen. Sie sucht nach fruchtbarem Boden. Die Samen werden in dem fruchtbaren Boden wachsen. Sie müssen genährt werden, umsorgt werden. Wir sollten unsere Samen nicht in den Wind werfen.

Ein bestimmter Boden ist fruchtbar. Diesen gilt es zu suchen. Er wird sich uns auf natürliche Weise zeigen, wir müssen darüber nicht besonders nachdenken. Er wird sich zeigen, aber es ist wichtig, zwischen Fruchtbarkeit und Unfruchtbarkeit unterscheiden zu können.

Du musst mit dieser Arbeit weitermachen, um das Blatt zu wenden. Diese Blätter werden sich von alleine zeigen. Du musst gewissermaßen die Absicht aufrechterhalten, die Blätter dieses Buches zu wenden.

Wir dürfen uns nicht in einem Kapitel festfahren oder eine Erwartung dahingehend entwickeln, was kommen wird. Es wird sich auf organische Weise zeigen.

Es herrscht eine gewisse Ungeduld, weil es überall so viele Krisen gibt. Wir müssen uns beeilen, aber es *gibt* einen Plan. Er muss auf natürliche Weise vermittelt und im Leben offenbar werden; sonst hat er keinen Sinn.

Es gibt eine gewisse Gleichgültigkeit, die durch einen Widerstand hervorgerufen wird, der sich einstellt, wenn die Leute mit der Energie in Kontakt kommen. Sie sehnen sich danach, aber wenn sie mit der Energie in Kontakt kommen, reagieren sie mit Widerstand und dann mit Gleichgültigkeit.

Nun, das ist Verleugnung. Im größeren Zusammenhang muss diese Verleugnung aus ihren Körpern herausgelöst werden. Dies ist ein Prozess, den sie selbst angehen müssen. Du kannst für sie da sein wie ein Vater, aber du kannst es nicht für sie tun.

Sie werden dahin kommen, wenn sie die Energie brauchen. Und sie werden sie brauchen. Manchmal nicht genau zu dem Zeitpunkt, den du gerne hättest. Die Geduld, von der ich spreche …

Dies muss auch im eigenen Rhythmus geschehen. Es ist ein Lied, das gesungen werden will. Üben hilft. Die Melodie offenbart sich in der Anwendung.

Es ist ein Prozess. Wie ein Baby fütterst du ihn Löffel um Löffel. Und dann schaust du zu, wie er sich entwickelt.

Da ist eine Energie, die natürlich aus deiner eigenen Lebenskraft hervorgeht.

Jeder Augenblick des Lebens birgt eine universelle Wahrheit. In jedem Augenblick ereignen sich Millionen verschiedene Versionen dieser universellen Wahrheit. Das entsteht aus der Einheit mit der Energie in unserem Leben. Wenn du nicht im Weg stehst, ist der Weg für diese universelle Wahrheit frei. Das ist es, was die Menschen und ihre Leben berührt.

Da kommt noch viel. Es wird auf natürliche Weise geschehen. Es wird von alleine geschehen. Es wird wundervoll sein. Alles offenbart sich in seinem eigenen Rhythmus.

Du bist dem Spiel weit voraus. Du hast das in deinem Leben schon früher gespürt. Du bist nicht zufällig hier. Diese Wege, auf denen wir sind, sind sich alle irgendwie ähnlich und doch eindeutig unsere eigenen. Und doch fragen wir immer wieder die Leute auf den anderen Wegen: »Wie geht es dir da drüben? ... Was ist da um die Ecke?«

Ich weiß es nicht.

Das ist verständlich. Aber dann kommen die richtungsweisenden Zeichen, wenn wir sie brauchen. Was ich brauche oder was du brauchst, unterscheidet sich kaum. Wir geben keine Antworten. Wir zeigen nur Wege auf, wie Antworten genutzt werden können. Wenn die Antwort aus deinem Instinkt stammt, ist es *deine* Antwort. *Deine.* Sie muss aus deinem Leben kommen, und sie wird kommen. Täusche dich nicht. Und du wirst die Zeichen nicht übersehen. Du brauchst nur deine Augen offen zu halten, immer offen zu halten.

Das ist das Problem mit Leuten, die verleugnen. »Ich sehe keine Zeichen. Es gibt kein Zeichen. Ich sehe nichts ...« Und wir verstehen ihr Leiden. Man möchte sie schütteln. Sie müssen aufwachen und sich die Scheuklappen abnehmen. Sie müssen die Hände ausstrecken und sich die Scheuklappen abnehmen. Du kannst sie ihnen nicht nehmen.

Alles zu seiner Zeit. Alles zu seiner Zeit. Der ganze Prozess beschleunigt sich und ist sehr befriedigend. So vieles steht jetzt offen, weil es in unserer Welt in ihrem derzeitigen Zustand so wenig Hoffnung gibt. Sie *muss* zurückkommen. Und *in dieser Suche* liegt die Antwort.

Das Ablegen der Scheuklappen wird für viele sehr rasch vor sich gehen. Es wird geschehen. Am Anfang wird es wie eine Marotte wirken. In manchen Kreisen ist das jetzt so. Die Leute meinen, sie müssten es tun, um dem Gruppendruck nachzukommen, aber sie werden die Wirklichkeit selbst erleben. Sie werden es selbst spüren, und dann schauen sie nicht mehr nach rechts und links, um zu prüfen, ob sie es auch richtig machen. Ihr Leben wird es offenbaren.

Lasst uns den Fokus auf dem Prozess halten. Wenn der Fokus auf dem »Wann« liegt, spannt ihr den Karren vor das Pferd; dann denkt ihr an das Ergebnis und nicht an den Prozess.

Der Prozess führt zum Ergebnis, nicht umgekehrt. Der Sinn des Prozesses liegt im Prozess, nicht im Ergebnis. Wenn wir euch ein Ergebnis gäben, könntet ihr es interpretieren und damit dem Ergebnis schaden. Das Ergebnis ist das Geschenk des Prozesses. *Im Prozess.* Da werden wir stark.

Der Weg, auf dem du bist, bringt dich zu etwas Besonderem, und er wird dein Herz auf eine grandiose Weise öffnen. Vertraue darauf.

6

INDEM DU DICH SELBST BEFREIST, HILFST DU ANDEREN

Wir spüren dich hier. Wir haben viel zu besprechen. Wir spüren, dass du anfängst, klarer zu verstehen, wo es für dich hingeht. Es wird fokussierter für dich.

Diese Energie ist sehr fein. Es ist eine unglaubliche Erfahrung, dies zu verstehen. Du fängst an, es zu verstehen. Dieser Weg wird dich zu Größerem führen. Aber du musst auf dem Weg bleiben, ohne auf das Ziel zu schauen. Im Moment schaust du vielleicht etwas zu weit voraus. Du musst dich auf den Prozess konzentrieren. Sonst siehst du den Wald vor lauter Bäumen nicht.

Es kommt mehr Energie zu euch. Es gibt eine neue Art des Zugangs zu ihr. Du wirst damit viel zu tun haben. Du wirst sie auch sofort erkennen. Diese Energie ist leichter als zuvor. Freier und leichter zugänglich. Sie ist greifbar.

Sie kommt auf eine andere Art zu euch. Diese Energie manifestiert sich jetzt mehr denn je in eurer Existenz.

Sie kommt auf eine physische Art, deren Physikalität auf dieser Ebene schwer zu erklären ist. Ihr Zweck für dich besteht darin, dich zu befreien. Indem du dich selbst befreist, befreist du andere. Dieser Energiefluss ist rein. Er strömt durch dich hindurch. Er klärt dich. Und andere fühlen sich seinetwegen zu dir hingezogen. Nach seinem Zweck zu fragen ist so, als würde man sagen: »Wozu dient dieser Baustein?« *Er dient zum Bauen.* Ein einzelner Baustein dient zu nichts. Aber einer auf dem anderen erschaffen sie Schlösser.

Es gibt ein Licht, das Teil der Schöpfung ist. Es ist ein heilendes Licht, die Leute nennen es auch *weißes* oder *klares Licht.* Du bist jetzt fähig, dieses weiße Licht an jene zu übertragen, die du berührst. Es ist ein heilendes Licht; zuvor hatte es nicht diese energetische Qualität. So hat es sich verändert. Wenn du dieses weiße Licht an sie weitergibst, fangen sie nicht nur an, das Licht zu sehen, sondern werden auch fähig, selbst zu heilen.

Es ist wie das Einpflanzen von Samen. Wenn sie es einmal erfahren haben, können sie durch ihr eigenes Licht wieder darauf zugreifen. Du gibst ihnen einen Schlüssel, mit dem sie zu einem anderen Zeitpunkt selbstständig wieder damit in Kontakt kommen können. Als ob du ihnen hilfst, sich zu erinnern. Sie haben das in sich. Es ist, als würdest du versuchen, jemandem die Farbe Blau zu erklären, der nie sehen konnte. Du kannst ihm sagen, der Himmel ist blau, das Wasser ist blau, aber er wird nie das Konzept von Blau begreifen. Du zeigst ihnen Blau. Und dann kehrt es zu ihnen zurück.

Du erweckst sie also zu einem Potenzial, das sie in diesem Leben vergessen haben. Es stammt aus einem unbewussten Zustand und lässt sich mit Hilfe der eigenen Lebenskraft kultivieren. Es ist, als würdest du ihrem Gedächtnis auf die Sprünge helfen. Du gibst ihnen ein Stück des Lichts, und sie fangen an zu sehen. Nicht alles, und bei vielen nicht sofort. Bei vielen dauert es eine Weile. Aber es ist da. Es ist für sie gepflanzt. Und jedes Mal, wenn du mit ihnen arbeitest, wird die Erinnerung zugänglicher. Je mehr du Samen pflanzt, desto geschickter wirst du darin. Der Boden muss kultiviert werden. Du bist dabei, das Kultivieren zu erlernen.

Das ist dein Prozess. Aber es ist *dein* Prozess. Deshalb bist du hier. Ich würde dir deine Mission wegnehmen, wenn ich dir eine Antwort gäbe. Du musst das um der anderen Leute willen verstehen. Es ist nicht nur für dich.

Zum Beispiel der Geschichtsunterricht in den Schulsystemen …: Das sind allgemeine Informationen. Wir beschließen, dass sie für alle zutreffen. Sie sind willkürlich. Geschichte ist immer relativ. Doch wir verwenden für unsere Kommunikation eine Art Sprache. Es sind Worte. Es sind nicht immer Konzepte.

Jedem Menschen wohnen Konzepte inne, und sie müssen erweckt werden. Die Informationen sind Informationen. In der Schule lernen wir nichts über die Urteilskraft der Seele. Die lernen wir durch Lebenserfahrung. Du kannst etwas über Ethik lernen, bis es dir zu den Ohren herauskommt. Doch sinnvoll wird es erst, wenn du in deinem Leben echte Ethik und ihre Bedeutung erfährst.

7

LAUSCHE DEINER EIGENEN MUSIK

Wir fühlen deine Energie durchkommen ... Wir möchten dir die charakteristischen Merkmale deiner Existenz aufzeigen.

Du hast hier noch viel zu entdecken. Du erkennst, dass Beschränkung eine andere Ebene ist. Wir möchten, dass du eine andere Art von Energie erkennst, die du hier hast und von der du ein Teil bist. Sie wird sich in einem anderen Licht entfalten. Wir möchten, dass du in einem anderen Licht lebendig bist. Das wird deutlich zum Ausdruck kommen, wenn dein Leben andere berührt.

Wir fühlen deine Energie in deinem Herzen. Wir haben das für dich im Sinn. Wir verstehen. Wir verstehen die Wahrheit, die sich gerade ereignet. Etwas in dir ist im Begriff, auf eine andere Art groß zu werden. Wir fühlen deine Energie hier. Wir möchten ein tieferes Verständnis dessen, was kommt, zum Ausdruck bringen.

Dein Herz muss zur Ruhe kommen. Das wird letztlich mit dem Verständnis deines Lebens einhergehen. Du stehst noch ganz am Anfang dessen, was kommt. Ein größeres Selbst wird zum Vorschein kommen.

Du wirst in einer Weise sichtbar werden, die von bedeutender Größe ist. Doch du musst deine Bestimmung auf einer tieferen Ebene verstehen. Jetzt ist es eine ziemlich dünne Schwingung. Diese Schwingung muss deine Existenz tiefer durchdringen, denn sie führt dich nicht auf die Art, wie du es brauchst. Dein Leben ist DAS-WAS-IST. Es wird in unterschiedlichen Formen auf dich zukommen.

Deine Anfänge werden bescheidener Art sein. Dein Herz muss bei diesen Menschen sein, die du berührst. Bislang trittst du nicht mit ihren Herzen in Kontakt. Du trittst mit ihrem Geist in Kontakt. Das ist eine Sache des Verstands, die es dir unmöglich macht, deine Existenz auf eine echte, substanzielle Art zu definieren. Du handelst einfach nicht aus dem Impuls heraus.

Diese Leute, mit deren Herzen dein Herz kommunizieren sollte, sind die Leute, mit denen du arbeitest. Sie müssen auch erreicht werden. Dein Herz muss bei ihnen sein. Dahin würden die Energien fließen.

Du musst ernsthaft an deiner Absicht festhalten und nicht an der Wirkung. Durch die Absicht wirst du Menschen berühren.

Du hast bereits einen Anfang gemacht. Du hast schon seit einer Weile damit begonnen. Wenn du dich frustriert fühlst, dann muss das wohl so sein, aber der Frust gehört zu dem Prozess, der dich da hinführen wird.

Dein Leben ist großartig, aber es ist nicht nötig, den Punkt zu erreichen, wo du das Bedürfnis nach Anerkennung spürst. Die Suche nach Anerkennung führt dich in die Irre. Du musst mit deinen Patienten eins sein. Der Rest folgt nach. Aber der Prozess beginnt mit dem Klienten. Der entscheidende Prozess besteht in der heilenden Energie, die durch dich und in sie hineinfließt. Denke nicht an Ergebnisse. Ergebnisorientierung wird dich in die Irre führen.

Dir wurde eine unglaubliche Gabe gegeben, die du nicht vor dir herzutragen brauchst. Es ist etwas auf tieferen Ebenen in Gang gesetzt worden, du wirst das im Laufe deines Prozesses verstehen. Bringe deine Energie in das Leben des Menschen, den du jeweils gerade unter deinen Händen hast. Berühre ihn auf einer sehr tiefen Ebene. Du revolutionierst dabei in vieler Hinsicht sein Leben, auch wenn er es zu jenem Zeitpunkt vielleicht nicht erkennt.

Manchmal erleben deine Patienten vielleicht eine momentane Erleichterung, wenn du mit deinen Händen bei ihnen bist, und nachher haben sie immer noch dieselben Beschwerden oder Schmerzen oder bemerken keine Veränderung, und wenn du an Ergebnissen orientiert bist, könnte das in dir den Eindruck erwecken, nichts zu bewirken.

Für viele werden sich die Ergebnisse erst später einstellen. Es wird nicht sofort passieren. Es ist wie ein Samen, der tief in die Erde gepflanzt wird. Es dauert lange, bis er durch den Boden bricht. Wenn er aus der Erde kommt, werden sie eine Blüte sehen. Das ist ihr Wachstum. Doch solange es unter der Erde stattfindet, sehen sie es nicht.

Habe Geduld mit dem Samen, der am Keimen ist. Du musst die Geisteshaltung von »Keimt dieser Samen in einer Woche, einem Monat, einem Jahr?« loswerden, denn damit strebst du nach Ergebnissen. So wird das nicht gehen.

Deine Klienten spüren Ergebnisse. Viele spüren es. Du weißt das selbst. Du kannst nicht behaupten, sie spürten nichts. Gib ihnen die Zeit, es zu spüren, zu fühlen, und sie werden es tun. Du musst deiner Energie vertrauen. Du hast viel unternommen, sie zu stärken.

Du hast das Herz am rechten Fleck. Du musst aufhören, nach so etwas wie Respekt, Ehre oder etwas in der Art zu suchen. Du bist ein Kanal, der heilen kann. Diese Heilung findet innerlich statt und wird oft nicht sofort erkannt. Sie wird erkannt werden, aber du kannst nicht gleich nach Anerkennung streben. Du musst zunächst Heilung zulassen, und als Erstes *deine eigene* Heilung.

Dieser Prozess der Heilung ist in deinem Leben. Es ist so, dass du oft diejenigen heilst, die um dich herum sind, aber du nicht *dich selbst* heilst. Du musst die Heilung in dein Leben lassen. In *dein* Leben.

Du musst zunächst die Bedeutung der Energie verstehen, die du hast. Sie stammt aus einer sehr tiefen Quelle in dir und durch dich. Das musst du spüren. Diese heilende Energie ist DAS-WAS-IST.

Diese Energie wird durch dich wie durch ein Prisma fokussiert. Du bist das Prisma. Das durch dich strömende Licht wird an einem ganz bestimmten Punkt im Patienten verstärkt und erhöht.

Wenn dein Sein durch Täuschungen vernebelt ist, kommt diese Energie durch dich hindurch und wird auf nebelige Art auf den Menschen, mit dem du arbeitest, übertragen.

Suche nicht außerhalb von dir nach Antworten. Es geht nicht darum, einen anderen Gedanken zu hegen oder ein anderes Gefühl oder ein bestimmtes Ritual auszuführen. Du brauchst nichts zu verändern, außer zu lernen, mit deinem Instinkt hinzuhören. Du hast einen großartigen Instinkt. Lass dich von deinem Instinkt leiten. Du greifst im Außen nach vielen Ideen. Diese Ideen haben ihren Wert, aber die einzigen Ideen, die echten Wert für dich haben, sind jene, die aus deinem Inneren stammen.

Du kannst neue Methoden nicht anprobieren wie einen neuen Anzug. Sie werden nicht passen. Du fängst an, zu entdecken, dass deine eigene Energie ursprünglich ganz und gar aus dir kam. Du hast ihren Nutzen entdeckt.

Deine Quelle ist dein Bezugsrahmen, dein Leben. Alle Antworten sind in dir. Das ist keine begreifbare, bewusste Ebene. Du kannst nicht versuchen, die Lebensbereiche, die durch dich fließen, zu kategorisieren und aufzugliedern.

Ob du dem richtigen Prozess folgst, wirst du an deinem Fühlen erkennen. Wie fühlst du dich, wenn du es tust? Vertraue auf dein Gefühl.

Deine Suche, dein Ringen ist Teil des Großen, was dir übergeben wurde. Indem du lernst, wie du diese Energie nutzen kannst, lernst du auch, wie du dein Leben nutzen kannst. In vielen Bereichen bist du möglicherweise von deinem Leben abgeschnitten. Du musst diese Türen öffnen.

Das ist nichts, was du erkennen und dir dann im Supermarkt aus dem Regal nehmen kannst. Es ist ein Prozess, und du möchtest gerne »Fastfood«-Ergebnisse. Du musst den Instinkt in dir fühlen. Konzentriere dich auf das, was du fühlst. Konzentriere dich darauf, ob sich etwas gut oder schlecht anfühlt. Gehe in Kontakt mit dem, was du fühlst – nicht mit dem, wie es auf die Leute wirkt, sondern was *du* fühlst.

Wenn in dir Unbehagen ist, vertraue darauf, dass etwas nicht in Ordnung ist, und korrigiere es, bis du dich mit der Energie richtig fühlst. Die Art, wie du die Energie anfangs entdeckt hast – durch deinen Instinkt –, ist auch die Art, wie du sie korrigieren wirst.

Zu diesem Heilungsprozess gehört auch, dein eigenes Leben zu heilen. Jesus hat davon gesprochen, als er sagte: »Heile dich selbst.« Seine Worte haben die Leute sehr verwirrt, aber es gibt jene, die verstehen und vorangehen.

Du spürst die Natur der Energie, die durch dich fließt. Die wahre, allumfassende Liebe, die aus jener Energie hervorgeht, die ich nicht in einem einzigen Wort beschreiben kann, ist ein Gefühl, das ohne Schmerz einhergeht. Schmerz ist ein Zeichen dafür, dass du das Falsche tust. Der wahre Energiefluss wird sich in deinem Leben positiv anfühlen. Du wirst dich durch ihn beschwingter, erhabener fühlen. Du wirst dich lebendiger fühlen. Du lernst das durch Versuch und Irrtum, weil du ein ganz bestimmtes Instrument bist. Du musst lernen, dich selbst zu spielen. Niemand hat je ein Buch darüber geschrieben, wie *du* gespielt wirst. Lausche auf deine *eigene* Musik.

Handele aus dem Herzen heraus. Deine Mission ist enorm groß. Sie wird sich mehr zeigen, wenn du deine innere Heilung zulässt. Du hast in deinem Leben ein paar Straßensperren errichtet, und sie brechen mit großem Getöse zusammen, aber sie brechen zusammen. Vertraue darauf, und die größere Weite wird dir offenstehen.

Denke nicht an das Ziel. Denke an den Prozess. Denke nicht an das Schwarze in der Mitte der Zielscheibe, denke an die Spannung des Bogens. Dein Herz wird dich nie in die Irre führen. Lass den Denkprozess hinter dir. Kläre deinen Geist, um zu fühlen, was dein jeweiliger Patient fühlt. Sei eins mit seinem Herzen, mit dem, wo seine Energie gerade ist. Sende nicht; *empfange.*

8

DEIN LEBEN IST
IN FLEISCH UND BLUT MANIFESTIERTE,
MAGISCHE UND ZEITLOSE ENERGIE

Deine Energie wird jetzt stärker. Lass sie zu jenen gehen, die deine Kraft brauchen. Lerne und höre zu. Das ist für dein Verstehen entscheidend. Du verbindest dich mit einer Kraft, die größer ist, als du erwartet hast. Sie rauscht gerade wild durch dich hindurch. In Zukunft wirst du sie besser fokussieren können. Im Moment wirkt es wie ein Schwall. Im Laufe der Zeit wirst du sie verstehen lernen.

In deiner Erfahrung kommt *deine* Erleuchtung zu dir. Es ist eine *Gotteskraft,* in Ermangelung eines besseren Wortes. Was du erfahren hast, ist das ALLES-WAS-IST. Eine vollkommene Vereinigung von Geist und Energie.

Diese Energie ist eine allmächtige Kraft. Sie wird anfangs überwältigend sein. Im Laufe der Zeit muss sie dann moduliert und verfeinert werden. Du verfügst damit über ein neues Werkzeug. Anfangs ist es überwältigend. Das fühlt sich vielleicht eine Weile lang immer wieder so an, aber du wirst dich daran gewöhnen, und dann wird sie sich leichter kanalisieren lassen.

Es ist erleuchtend. Es ist überwältigend. Doch es ist ähnlich wie das Erlernen einer neuen Fertigkeit. Dieses erste Verstehen der Einheit deines Lebens und der Energie im Universum ist eine ganz neue, unvergessliche Erfahrung.

Die Modulation der Energie wird dir helfen, dich zu erhalten oder zu regenerieren. Du musst dein eigenes Tempo finden – so, wie sich ein Sportler trainiert. Mit zunehmender Praxis wird das leichter. Es ist wichtig, keine Energie *erzwingen* oder *anziehen* zu wollen, die du nicht im jeweiligen Augenblick erfährst. Wenn du sie fühlst, horche auf deinen Instinkt.

Du musst dir Zeit nehmen, dich zu regenerieren. *Zwinge* die Energie nicht durch dich hindurch. Es ist ein *natürlicher* Fluss. Du kannst keine Dinge hervorzaubern, die nicht da sind. Du kannst nur ein Kaninchen aus dem Hut ziehen, wenn es bereits in dem Hut *drin* ist. Daher musst du *wissen,* dass die Energie verfügbar ist, und darfst sie nicht erzwingen.

Alles andere wäre eine Scharade. Es geht hier um deine Wahrheit. Es geht darum, mit der *Wahrheit* verbunden zu sein. Alles andere wäre eine Lüge.

Es geht darum, wahrhaftig zu sein. Das ist die Idee: in Kontakt sein mit deinen Instinkten. Dein Instinkt belügt dich nicht. Diese Energie beruht auf der Wahrheit des Universums. Das muss dir absolut klar sein.

Die Art, wie die Patienten die Energie empfangen, ähnelt einem Atemprozess. Du atmest die Angst der Patientin *ein* und atmest ihre Heilung *aus.*

Anders gesagt kommunizierst du die Energie der Patienten zu der höheren Quelle, und sie erhalten durch dich Antwort. Es ist also eine Art Kreislauf.

Je besser du fähig bist, ihre Informationen aufzunehmen, desto besser kann die Energie eine Antwort hervorbringen, die dem jeweiligen Bedürfnis entspricht.

Wenn du das Schwingungsmuster der Personen verstehst, kann die Energie mehr Heilung bewirken. Es verläuft rhythmisch, wie das Meer, wie Wellen. Das ganze Universum beruht darauf. Rhythmus. Klang. Schwingung.

Ich möchte klarstellen, dass ich das mit dem Atmen nicht wörtlich meine. Du hast von der anderen Person nichts zu befürchten. Du brauchst die Angst *nicht* in dir zuzulassen. Du musst den Prozess nicht entwirren. Dein Herz wird immer rein bleiben, wenn dein Geist rein ist. Du channelst auf eine sehr echte Art, allerdings nicht verbal. Du musst *dich selbst aus dem Prozess heraushalten,* wenn du kannst.

Du bist ein Kanal, ein sehr fähiger Kanal, der im Laufe der Zeit noch fähiger werden wird. Die Elektrizität schadet dem Kabel nicht.

Sei versichert, dass dies für eure Ebene eine unglaublich überwältigende Erfahrung ist. Du brauchst sie nicht zu fürchten, aber ich verstehe, dass es dich ein wenig ängstigt.

Dahinter steckt deine Angst vor dem Großen, was durch dich hindurchkommt. Es ist der Schritt ins Unbekannte. Es gibt nicht viele Menschen, die ihn gewagt haben. Deine Angst vor dem Unbekannten ist verständlich, aber du solltest lieber auf deinen Instinkt hören.

Du hast die Möglichkeit, dich in der Situation zurückzunehmen oder dein inneres Denken zu verändern. Höre in diesem Augenblick auf deinen Instinkt. Je mehr du fähig wirst, dich in der Situation zurückzunehmen, desto mehr wird dein Instinkt dein Handeln bestimmen. Der Instinkt wird dich führen. Wenn sich etwas unangenehm anfühlt, wird es der Instinkt korrigieren. Er wird dich richtig führen. Wenn du lernst hinzuhören, lernst du nicht nur, deinem Patienten zuzuhören, sondern auch deinem *Leben* zuzuhören. Solange du diesen Kanal offen halten kannst, wirst du nicht in eine falsche Richtung gehen. Wenn du das tust, wirst du den Unterschied deutlich spüren. Du bist sehr fähig. Du wirst noch fähiger werden, je mehr sich dir alles entfaltet.

Viele meinen, man müsste den Raum mit einem Ritual vorbereiten oder sonst irgendwie besonders herrichten. Wenn du dich durch dein Theater wohler fühlst, mach damit ruhig weiter. Ich zögere, einzelne Formen der Vorbereitung herauszustellen, weil dieser Vorbereitungsprozess zum Teil aus dem besteht, womit *du* dich wohlfühlst bei dem, was *du* tust. Im Laufe der Zeit wirst du dich mit verschiedenen Formen der Vorbereitung vertraut fühlen. Wenn du Fahrradfahren lernst, brauchst du am Anfang Stützräder. Im Laufe der Zeit kannst du auf sie verzichten.

Ich will dir also die verschiedenen Arten von Vorbereitung nicht kategorisch untersagen. Wenn du im Moment meinst, das zu brauchen, solltest du damit weitermachen. Aber du wirst merken, dass einiges davon im Laufe der Zeit wegfallen wird. Auch hier wird dich dein Instinkt leiten. Und es geht nicht darum, dass du diese verschiedenen Formen der Vorbereitung *willst*. Du hast einfach das Gefühl, sie jetzt zu brauchen. Folge deinem Instinkt.

Du bist die in Fleisch und Blut manifestierte zeitlose Energie. Deine Energie hat zu dieser Zeit eine besondere Aufgabe. Dein Leben ist magische Energie.

Du musst dich auf das konzentrieren, was du mit der Menschheit gemeinsam hast. Das ist deine Gabe. Nicht das, was dich trennt. Du verfügst über die Energie, die einen großen Teil der Menschheit erreichen kann.

Wenn dir daran liegt, zu sagen, dass du mehr geliebt wirst, dass du etwas Besonderes bist oder dass du eine erleuchtete Seele aus uralten Zeiten bist, dann ist das eine fehlgeleitete Funktion des Ego.

Du brauchst nicht zu wissen, ob du mehr geliebt wirst oder etwas Besonderes oder eine erleuchtete Seele aus uralten Zeiten bist. Du brauchst nur zu wissen, dass dein Leben die Energie des Universums ist und dir die Gelegenheit geboten wird, auf dieser Ebene Leiden zu lindern. Je eher du dich eins mit dem Universum werden lässt, desto eher wirst du merken, wie solche Konzepte immer weniger Bedeutung für dich haben.

Es ist *alles* ein Prozess für dich. Wenn wir ein Kontinuum sind und du an einem Punkt bist und jemand anderes an einem anderen, dann spielt es letztlich keine Rolle, wo du stehst. Wichtig ist, weiterzumachen und mit deinem Leben voranzuschreiten. Das steht zu niemand anderem in Relation. Ich spreche vom Verfolgen einer Mission.

Ihr habt auf dieser Ebene die Neigung, euren Fortschritt im Vergleich zum Fortschritt anderer zu bewerten. Das ist unnötig. Wichtig ist, dass du *deiner Mission nachgehst*. Deine Lebenskraft, dein Instinkt wird dich dorthin bringen. Rechts und links zu schauen ist nichts als Ablenkung.

Jedes Leben ist golden. Jedes Leben, mit dem du in Kontakt kommst, ist golden. Das Größte, was du tun kannst, ist, jemandem zu helfen, sein Leiden zu lindern.

Du bist auch hier, um deine Existenz auf dieser Ebene der Energie tiefer zu verstehen. Euer Leben ist DAS-WAS-IST; es ist mit einer größeren Macht verbunden, die das gesamte Universum durchdringt. Dein Leben ist von derselben Energie wie der Kosmos, und diese Energie gilt es zu fühlen, wenn die Energie durch dich hindurchfließt.

Du hast hohe Ziele für dein Leben. Um diese Träume zu erfüllen, musst du dich mit der tieferen Energie in deinem Leben verbinden. Wenn du deinen Weg weitergehst, wirst du diese Energie in konkreteren Formen erkennen. Im Moment ist es für einige von euch nur ein Schimmer. Für andere ist das Licht heller.

Diese Energie nimmt die Form von Licht an und wird deine Existenz und deine Umgebung durchstrahlen. Deine Energie ist voller Möglichkeiten. Wenn du sie störst, verhinderst du diesen Fluss. Wenn dieser Fluss in eine Sackgasse gerät, erzeugt das in deinem Leben Ängstlichkeit und Schmerz. Diese Energie muss freigesetzt werden, damit dein Leben den Weg nimmt, der ihm zugedacht ist.

Du verkomplizierst dein Leben, wenn du mit dem Kopf in etwas eingreifst, was nur mit Instinkt zu tun hat. Du versuchst, deine Mission im Vorfeld zu erraten, doch eigentlich soll sie deine Existenz bestimmen. Du musst auf deinen Instinkt hören, damit sich dein Leben vollenden und seine Mission auf dieser Ebene erfüllen kann.

Es gibt in deinem Leben überall viel Energie. Du musst nur die Augen dafür öffnen und ihren Wert *erkennen,* wenn sie sich zeigt. Allzu oft verschließt du die Augen vor etwas sehr Wertvollem, was direkt vor deiner Nase liegt.

Im Laufe der Zeit wirst du dich mehr daran gewöhnen, DAS-WAS-IST in seinen Manifestationen auf dieser Ebene zu erkennen. Du wirst dich leichter mit deinen Mitreisenden auf dieser Ebene verbinden. Gemeinsam werdet ihr die Art von Seligkeit erleben, die eurem Leben seit Anbeginn innewohnt.

Diese Verbindungen werden umso stärker werden, je mehr du den Kontakt mit jenen zulässt, die mit deiner Existenz in Harmonie sind. Die Musik, die du hören wirst, wird harmonisch sein und *wird* dich in der Beziehung tragen. Wenn du merkst, dass Beziehungen disharmonisch sind oder nicht von derselben Musik getragen werden, solltest du dir bewusst machen, dass dies nicht die Beziehungen sind, die dir helfen, weiterzumachen. Sie sind da, um dir bei deinem Wachstum zu helfen, aber nicht, um dir beim Weitermachen zu helfen. Das ist ein Unterschied.

Du siehst, da kommt noch Großartiges, und es wird für jene erkennbar sein, die ihre Hausaufgaben gemacht haben. Wer sie nicht gemacht hat, wird keinen Zugang dazu haben.

Du kannst nur wenig tun, um eine Existenz zu verlängern. Das ist nicht dein Tätigkeitsbereich. Menschen haben eine Mission, und die Mission endet. Doch du kannst diese Person an deinem Leben teilhaben lassen, an deiner Freude an dieser Existenz.

9

DU BIST TRÄGER
EINES GROSSEN LICHTS

Du bist hier, weil du auf dieser Ebene Teil einer größeren Sphäre bist. Auf dein Leben ist sehr viel Energie gerichtet. Du musst diesen Energiefluss durch dich hindurchkommen lassen. Du bist bewusst, aber du wirst in deinem Leben nicht gesehen.

Du hast eine Energie, die aus dem Urquell der Existenz stammt. Sie ist hier, um sich auf dieser Ebene zu manifestieren. Du brauchst nicht in meiner Nähe zu sein, um die Botschaft zu erhalten. Du bist in diesem Brennpunkt lebendig, in diesem wirbelnden Energiestrom, der deinem Leben Wert verleiht. Dir steht sehr viel Kraft zur Verfügung, wenn sie auf angemessene Weise moduliert wird.

Du musst verstehen, dass mit diesem Energiefluss eine Verantwortung einhergeht. Das geht nicht nach Lust und Laune. Du musst diesen Fluss auf eine Weise würdigen, die auf deine Umgebung konstruktiv wirkt. Du befindest dich in einem Zustand des Fließens, der Wertvolles bewirkt, wenn du diese Energie zulässt.

Manchmal stehst du deiner Bestimmung im Wege. Sie kommt zu dir, und du lässt sie gehen. Du lässt zu, dass andere Formen von Energie dazwischenfunken und den Fluss manchmal verunreinigen. Am Anfang ist er klar, doch dann wird er verworren. Die Reinigung des Prismas, durch das die Energie verstärkt wird, ist ein Läuterungsprozess in deinem Leben.

Vertraue deinem Herzen; die Antworten sind da. Es geht um innere Führung. Ich gebe keine Antworten, die du selbst finden musst. Darum geht es in dem Prozess: um die Entdeckung deines eigenen Lebens.

Manchmal gibt es das Bedürfnis, sich mächtig zu fühlen. Dieses Bedürfnis musst du prüfen. Was in deinem Leben braucht diese Macht? Was bleibt unerfüllt? Wenn du so dein Leben prüfst, werden sich Türen öffnen, die dir zuvor verschlossen waren.

Diese Art der Selbstreflexion ist nicht einfach. Manchmal ist sie sehr schmerzhaft, aber du musst dir wenigstens einen Versuch geben, dein Leben zu erkunden und zu prüfen, besonders das Bedürfnis nach Macht oder das Bedürfnis, sich mächtig zu fühlen.

Wenn du dieses Bedürfnis, dich mächtig zu fühlen, loslassen kannst, wird dir eine reinere Form von Energie zur Verfügung stehen. Mit weniger Mühe wirst du mehr erreichen. Oft steht einem die eigene Energie im Wege. Wenn du das auch nur ein kleines bisschen begreifst, wird es dich führen. Du brauchst nur ein bisschen Licht zu sehen, um ihm zu folgen. In der Dunkelheit leuchtet eine Kerze sehr hell.

Diese Energie kommt zu dir, um dir zu helfen, dich selbst zu verstehen. Sie ist zu dir gekommen, um dir zu helfen, dein Potenzial zu verwirklichen. Deine Mission ist von enormer Größe. Sie wird verstärkt, wenn sie in denselben Harmonien schwingt wie dein Leben. Du erfasst es instinktiv, wenn diese Kräfte mit deiner Energie in Harmonie sind. Das sind die Stimmen, denen du in deinem Leben traust. Alles, was disharmonisch klingt, solltest du sofort auf seinen Wert hin prüfen. Disharmonie ist ein sehr deutliches Signal, das du nicht unbemerkt lassen darfst. Wenn du die Disharmonie erkannt hast, kannst du entscheiden, wie du handeln willst. Es liegt in deinem Instinkt. Je mehr du dein Ohr auf die Harmonie ausrichtest, desto klarere Musik erklingt in deinem Leben – desto süßer wird die Melodie. Vertraue der Melodie. Wenn sie dir nicht angenehm ist, nutzt sie dir wenig.

Es ist eine unglaubliche Verantwortung, dass du das verstehst. Dies ist eine Kraft, um Zeit zu sparen. Um Leben zu sparen. Um dich auf die Reise vorzubereiten.

Es kommt eine Zeit, in der wir uns sehr viel mehr auf jene werden stützen müssen, die auf den Rhythmus des Universums eingeschwungen sind. Es gibt einen großen Bedarf an Pionieren, die den Weg weisen. Es gibt sehr viel Leiden, das in naher Zukunft überwunden werden muss. Diese Seelen, diese Seelen mit einer Mission, sie werden jene retten, die verloren sind. Dein Fokus liegt darauf, das Licht ausstrahlen zu lassen; andere werden es sehen. Vorwärtszugehen. Zu leuchten. Ihr tragt ein großes Licht in euch.

Wir müssen uns unserer Ewigkeit erinnern.

10

DU BIST WESENTLICHER BESTANDTEIL
EINES SEHR UMFASSENDEN PROZESSES

Du bist hier, um DAS-WAS-IST zu verstehen … Dein Leben will damit in Verbindung treten … Du bist um deiner Begabung willen hier. In allem ist eine Größe, die freigesetzt werden will. Deine Energie wird sie weiterhin in anderen freisetzen. In diesem Prozess ist dein Herz von höchster Bedeutung. Du darfst dein Herz *nicht* außen vor lassen.

Deine Bedürfnisse hier sind die eines Kindes, das sich im Wald verirrt hat. Du suchst nach einem freien, begehbaren Weg in der Nähe. In vieler Hinsicht ist das für dich wie ein geheimer Garten. Du musst den Weg erkunden, der dir auf den ersten Blick nicht als der klarste erscheint. Es gibt eine Lichtung im Wald. Du wirst sie bald finden. Sie kommt. Diese Lichtung wird es dir ermöglichen, deine Energie in einer Art *harmonischer Konvergenz* mit den Leben, die du berührst, zu orchestrieren. *Du darfst dich von deinem Verlangen nach weiterer Bestätigung nicht davon abhalten lassen, diese Lichtung zu finden.* Sie wird ganz allein dein Raum sein.

Natürlich meine ich das metaphorisch. Ich hoffe, du verstehst das. Ich will nicht, dass du jetzt durch die Wälder läufst und eine Lichtung suchst.

Dieser Raum gibt dir Zugang zu einer tieferen Ressource für dein Leben. Es geschieht zu einem Zeitpunkt, der für dein Verständnis einer größeren Kraft in dir entscheidend wichtig ist. Diese Kraft entspringt der Energie des Universums. Sie ist ein klarer Kanal. Dieser Kanal zeigt sich in Form einer erhöhten

Wahrnehmung deiner Realität. Diesen Kanal gilt es für dich in deinem Leben zu erkunden. Er zeigt sich auf eine Art, die in gewisser Weise Ehrfurcht gebietend und unerreichbar ist. Er ist anders als das, woran du zurzeit gewöhnt bist. Seine Resonanz ist in deinen Händen und in deinem inneren Leben. Er ist zirkulärer Natur. Er zieht sich durch dein Leben und durch die Existenz vergangener Leben, die deine Geschichte in diesem Augenblick bestätigen. *Du bist wesentlicher Bestandteil eines sehr umfassenden Prozesses.* Er wird nicht nur in deinem Leben Resonanz erzeugen, sondern auch ganz klar in die Leben derer, die du berührst, hinein schwingen. Du darfst dich nicht auf persönlicher Ebene auf das einlassen, was die Energie zu dir bringt, sondern nur auf das, was sie *durch* dich bringt.

Was deinen Selbstwert betrifft, musst du wissen, dass du von innen her wertvoll bist. Das Bedürfnis nach Erfüllung ist oft von einer Art, die Aufmerksamkeit von anderen möchte. Deine Erfüllung liegt in dir selbst; du brauchst nur dich selbst zu lieben. Selbstliebe wird dich klar befähigen, die Liebe, die durch dich hindurchfließt, in naher Zukunft in sehr viel größerem Umfang weitergeben zu können. Es wird auch deinen Blick auf die Straße ausgerichtet halten. Es wird dir ermöglichen, dich weiter dorthin zu bewegen, wo es für dich hingeht.

Du sollst verstehen, dass all dies aus *deinem* Leben, aus *deiner* Geschichte kommt ..., aus dem Universum. Ich bin nur hier, um dir zu helfen, ein besseres Verständnis für deine Mission auf dieser Ebene zu entwickeln. Ich bin hier, um dich darin zu unterstützen, das ganze Wesen zu sein, das du auf der anderen Seite bist. Du bringst die Geschichte aller Zeitalter mit dir. Sie vervollständigt sich, wenn du den Zugang zulässt.

Dies ist ein sehr schwieriges Konzept, aber im Laufe der Zeit wirst du dich damit wohler fühlen. Es geht um ein Verständnis des Lebens an sich – kein einfaches Unterfangen. Dein Leben hat selbst darum gebeten. Du hast Kontakt aufgenommen. In allem liegt Größe, aber nur wenige *sehen*.

Du hast die Fähigkeit, zu Geistwesen Kontakt aufzunehmen, die einen Weg brauchen, ihr Wissen zu vermitteln. Sie müssen es *dir* vermitteln. Es ist ihre Mission, dabei zu helfen, den Weg frei zu machen. Damit werden sie einer Verantwortung gerecht, die sie auf der anderen Ebene übernommen haben. Wir haben alle unsere Aufgaben. Die Aufgaben gehen auf der anderen Seite weiter. Hoffe nicht auf eine Wolke, auf der du dich ausruhen kannst, wenn du stirbst. Es ist ein Prozess.

11

VERTRAUE DARAUF, DASS DU GENÜGST

Wir spüren deinen Raum hier. Wir verstehen deine Energie. Denn es gibt viel zu geben und viel zu erklären. Wir spüren dich. Wir möchten, dass du mehr bist, als du bist. Wir möchten mit dir sprechen.

Ich möchte, dass du verstehst, dass wir in einen anderen Bereich hineingehen. Es wird noch eine Weile so weitergehen, aber es wird sich ändern. Du bist Teil eines größeren Zusammenhangs, als du ihn im Moment verstehen kannst. Ich möchte, dass du verstehst, dass da eine Veränderung kommt. Sie ist Teil einer anderen Energie. Es ist kein anderes Wesen. Es ist eine andere »Energie«. Das klingt verwirrend für dich, aber es wird im Laufe der Zeit deutlicher werden.

Wir haben viel mitzuteilen. Es gibt so viel zu wissen, so viel zu verstehen. Wir werden jetzt eine Weile auf diese Weise sprechen, weil es Großartiges in dein Leben zu überbringen gilt.

Deine Energie kommt aus einer größeren Quelle, als du sie bislang kennst. Du bist in einem Lebensraum, der viel Konflikt enthält. Dieser Konflikt dient deiner weiteren Erleuchtung. Du wirst das nutzen, um in deinem Prozess weiterzukommen.

In mancher Hinsicht ist dieser Prozess unendlich. Aber du *brauchst* Geduld, um damit weiterzumachen. Du wirst vielleicht ungeduldig werden. Beachte die Ungeduld nicht. Sie dient nicht deinem Lebensziel.

Deine Fähigkeit, auf andere zuzugehen, wird noch verstärkt durch deine Fähigkeit, die Menschen, mit denen du in Kontakt kommst, an deinem Leben teilhaben zu lassen. Du versteckst dein Leben hinter dieser Ungeduld.

Du brauchst dich nicht mehr zu verstecken. Es erfordert viel Mut, beharrlich dranzubleiben, und du hast Mut, aber du musst ihn hochkommen lassen. Er ist bereits da. Wenn du diesen Mut auf irgendeiner Ebene blockierst, solltest du verstehen, warum du das tust. Das ist eine neue Reise für dich.

Zunächst geschieht das nicht auf einer bewussten Ebene, deshalb sind damit keine Worte verbunden. Es findet auf der unterbewussten Ebene statt, und damit dein Leben auf eine Weise weitergeht, die dir Heilkraft verleiht, musst du das klären. Dieses Konzept des *Blockierens* ist schwer verständlich und noch schwerer zu heilen. Aber deswegen bist du ein Heiler. Du heilst, um dich selbst zu heilen.

Der Prozess der Heilung dient der Erleuchtung deines Lebens für die Erhabenheit des DAS-WAS-IST im Universum. Damit gehen große Gaben und Fähigkeiten einher. Bringe diese Fähigkeiten mit deinem Verlangen zusammen, dein Leben zu öffnen. Es gibt so viel zu verstehen. Aber du gehst vorwärts, und du sollst verstehen, dass du auf dem Weg bist, auf dem du sein sollst. Schau nicht mehr zurück.

Es erfordert Mut. Dein Leben ist unendlich. Dessen kannst du dir gewiss sein. Deine Kraft ist unendlich. Du musst auf sehr reale, substanzielle Weise verstehen, dass du ewig weitermachst, dass du in jedem Augenblick, den du auf dieser Ebene bist, in deinem Leben Wertvolles schaffen musst.

In gewisser Weise blockierst du dein Leben und bremst dich damit aus. Ich glaube, du möchtest gerne immer mit einer größeren Macht in Verbindung sein, doch die Macht, mit der du in Verbindung sein solltest, bist du selbst. Sie ruht bereits in dir. Du bist dabei, zu sehen, wie sich das in deinem Leben klarer zeigt. Vertraue darauf. Es wird dich vorwärtsführen.

Du bist an einem Punkt, an dem sich die Energie in deinem Leben zeigt. Du hast in deinem Leben die Möglichkeit, mit denjenigen in Kontakt zu gehen, die auch diese Lebenskraft spüren. Deine Erfahrungen sind etwas ganz Individuelles und Einzigartiges. Doch in einem umfassenderen Licht tragen sie dazu bei, dass jeder sein eigenes Wachstumspotenzial klarer erkennt. Denke darüber nach. So wirkt das Universum. Es ist kein beliebiger Zufall. Es gibt in den Beziehungen, die du auf dieser Ebene genießt oder nicht genießt, ein deutliches Muster. Sie tauchen aus bestimmten Gründen auf. Sie sind Futter für dein Wachstum.

Deine Lebenskraft ist größer als die Summe all deiner Erfahrungen. Die Energie, die mit dir in diese Ebene kommt, ist unvorstellbar. Sie ist unermesslich. Ich möchte deine Lebenskraft in keiner Weise unterschätzen, aber du hast Abwehrmechanismen, die du verwendest, um eine deutliche Verletzlichkeit zu verbergen. Lass zu, dass *du* gesehen wirst – und nicht das »Du«, das du erschaffen hast –, denn es genügt.

Du genügst. Vertraue darauf. Vertraue darauf jeden Tag. Wenn du aufwachst, vertraue darauf, dass du genügst. Du brauchst nicht *mehr* zu sein, als du bist. Kämpfe nicht mehr darum, *mehr* zu sein. Du hast einen gewichtigen Daseinsgrund, der sich dir in den nächsten Jahren offenbaren wird. Deshalb solltest du dir des Großen in dir bewusst sein, denn es wird in der Zukunft abgerufen werden. Lerne jetzt, wie profund deine Lebenskraft ist. Profund. Spüre das.

12

DIE ERHABENE EKSTASE DES NICHTS

Dieses Vorhaben erfordert Geduld. Wir spüren, wie dein Leben in diesem Raum stärker durchkommt. Deine Existenz ist nötig, damit diese Kraft durchkommen kann.

Du bist in einem Raum, der viel Leichtigkeit braucht. Deine Aufgabe ist es, dich gegenüber der Disharmonie abzuschotten. Dein Leben liegt jetzt in deinen Händen.

Deine Energie hier stammt aus DAS-WAS-IST. Genau diese Energie ist erforderlich.

Wir sind hier, um dir an dieser Front zu helfen. Du wirst die Kraft sicherlich auf neue Weise spüren. Letztlich wird sie das Schicksal in großem Umfang verändern. Dies ist erst der Anfang einer großen Zeit, die kommen wird.

Ja, wir spüren das jetzt sehr klar. Du gehst diese Beschäftigung jetzt auf eine andere Art an. Genieße die Existenz einer Kraft, die noch nie da war. Begreife die Verantwortung solcher Größe. Es ist ein immenses Unterfangen. Es wird immer klarer und klarer, je mehr wir vorankommen.

Wir halten es für notwendig, bestimmte Werte in deinem Leben hervorzuheben. Ich werde dich dabei anleiten. Es wird in einer noch nie gesehenen Einflusssphäre stattfinden. Es ist von höchster Wichtigkeit, diese Botschaft weiterzugeben. Deine Kraft ist die Kraft von DAS-WAS-IST, die Kraft des Universums. Sie ist schon seit Ewigkeiten da.

Darin liegt die Großartigkeit des Lebens hier. Es stehen großartige Unternehmungen an. Du wirst das sehen, wenn es sich zeigt. Es ist nah, ganz nah. Es übersteigt alle deine Träume. Du wirst das verstehen, wenn es sich entfaltet.

Es ist eine Morgendämmerung, die im Zeichen der Harmonie der Natur steht. Du wirst andere dorthin leiten; dir obliegt es, dabei zu führen.

Begreife deine Mission. Spüre sie in deinem Leben. Es geht nicht um Berühmtheit; ihre Größe liegt in der Befriedigung, die darin liegt, sie fließen zu lassen. Du wirst es auf jeden Fall spüren. Ich spüre es jetzt für dich. Wir sind dir so nah.

Wir möchten, dass du das willst, um deinetwillen. Wir sind für dich da, der Zugang zu uns steht dir zur Verfügung. Es gibt einen Weg, das zu tun, und er kommt auf einer bestimmten Ebene zu dir, aber es gibt auch andere. Du wirst das im weiteren Verlauf verstehen. Dein Einsatz wird sehr geschätzt.

Deine Energie ist etwas Universelles. Fühle sie in deinem Leben – in *deinem* Leben. In der Kraft, die dich motiviert. Fühle sie durch dein Herz. Sie ist kraft ihrer selbst dein Eigen.

Sie ist die Erscheinung einer Kraft, die dem Leben selbst innewohnt. Du fühlst sie in deinen Momenten der Ekstase und Energie. Sie ist gleichbleibend beständig. Du bist unbeständig. Deine Fähigkeit, mit ihr in Kontakt zu treten, ist unbeständig. Du musst dein Herz von deinem Kopf freimachen. Dies hat nichts mit dem Gehirn zu tun. So wirst du es nicht finden. Es geht vielmehr über deinen Instinkt. Du musst sie in deinem Instinkt tragen. Du kannst sie nicht irgendwo kaufen.

Du musst dich entscheiden, warum du diese Arbeit liebst. Wo kommt sie her? Wo ist deine Liebe für diese Arbeit? Du solltest das mit deinem Herzen prüfen. Es geht nicht darum, deine Bedürfnisse zu erfüllen, sondern darum, dein Leben der Erfahrung zu öffnen. Es geht nicht um Belohnungen, sondern um das Erforschen.

Belohnungen als Nebenprodukt deiner Arbeit sind nichts Verkehrtes. Doch als eigentliches Ziel sind sie irreführend.

Deine Energie ist einfach da und wird immer da sein. Vielleicht öffnest du dein Leben nicht diesen Menschen. *Dein* Leben. Du blockst ab. Du solltest zulassen, dass sich dein

Leben in der Präsenz dieser Menschen öffnet, und zwar nicht über den Kopf.

Die erhabene Ekstase des Nichts. Du musst sie mit allen deinen Klienten erfahren. Der Rhythmus des Universums zwischen euch ist die Harmonie des Lebens selbst. Du musst diesen Rhythmus sich einstellen lassen, bevor du mit deiner Arbeit beginnst. Die Energie wird auf natürliche Weise folgen.

Deine Arbeit bildet dich selbst genauso weiter wie deine Klienten und Patienten. Sie versorgt dich und sie mit Informationen. Du solltest in dem Prozess genauso wachsen wie sie. Leugne nicht das Wachstum, das du erfahren wirst. Es ist dein Prozess. Es geht nicht nur darum, es für sie zu tun, du tust es auch für dich. Dein Bewusstsein wird sich in demselben Maße erweitern, wie du fähig bist, dein Leben deinen Klienten zu öffnen.

Möglicherweise hast du die Gewohnheit, Energie eher zu projizieren, als sie fließen zu lassen. Du erzwingst sie. Das ist wie bei jemandem, der einen hohen Ton singt, angespannt und schrill. Aber wenn man sich hinein entspannt, klingt er voll und melodisch. Du erzwingst den Augenblick. Du erzwingst die Energie. Sie fließt auf natürliche Weise, wenn du dich in sie hinein entspannst.

Es ist wie bei großen Künstlern. Sie müssen den Kanal offen halten, um kreativ zu sein. Alle große Kunst stammt aus einer höheren Kraft. Du musst sie fließen lassen, ohne sie zu erzwingen. Es ist eine erlernbare Fähigkeit. Es geht darum, es geschehen zu lassen, sich hinein zu entspannen, statt sie erzwingen zu wollen. Du wirst alles erlangen, was du brauchst. Du musst nur aufhören, etwas zu wollen.

Du solltest dein Leben mit seinen Lernaufgaben nicht leugnen. Es gibt keine Fehler. Und du wirst weiterhin Lektionen begegnen. Es geht unendlich weiter, aber es wird dich in den Bereich bringen, in dem du sein musst. Eine große Lektion kommt da auf dich zu. Sie ist ungeheuer groß.

Ich möchte, dass du deine Lebenskraft ganz und gar verstehst. Deine Existenz wird ein anderes Verständnis von Beziehungen auf dieser Ebene hervorbringen. Du wirst spüren, wie dein Herz in großem Umfang mit anderen in Kontakt geht. Es geht darum, zu verstehen.

Wir möchten, dass du die Kraft in dir erkennst, mit der du in diesem Bereich viel Gutes bewirken kannst. Das ist notwendig, denn wir nähern uns einer neuen Ära, die sich mit ihrem Übergang sehr schwertut.

Es wird in der Umwelt eine große Auseinandersetzung geben. Es wird jene in Aufruhr versetzen, deren Denkmuster zweifelhaft sind. Sie werden gezwungen sein, sich mit Problemen zu befassen, die ihnen bislang unbekannt waren.

Wir möchten, dass du die Kraft repräsentierst, die durch dich fließt, und die Energien verstehst, die dich umgeben. Du befindest dich in einer Phase des Erlernens deiner Lebenskraft.

Du wirst ihnen helfen, die kosmische Kraft im Leben und ihre unmittelbaren Auswirkungen auf die Umwelt zu begreifen.

Denke nicht an Ergebnisse, denke an den Prozess. Du wirst besser darin, die Energie zu modulieren und auszurichten, wenn sie durch dich fließt. Das ist der Prozess. Denke nicht an das Ziel. Dann wirst du bedeutsamere Ergebnisse erzielen.

Hinter jeder Unternehmung auf dieser Ebene steht ein ganzer Chor. Du bist bei deiner Arbeit nicht allein. Eine Vielzahl von Personen oder Geistwesen unterstützt dich bei jedem Schritt in deinem Leben. Sie werden auftauchen, wenn du bewusster wirst. Sie werden nicht unbedingt neben dir stehen und sich mit dir fotografieren lassen, aber sie *sind* da, um dich zu unterstützen, die Energie fließen zu lassen. Manchmal wirst du sie deutlicher spüren. Und deine Entwicklung wird es dir ermöglichen, sie auch klarer zu kontaktieren. Sie waren schon immer da, doch *du* siehst und fühlst sie plötzlich erst jetzt. Weil deine Entwicklung dich auf diese Stufe gebracht hat. Du wirst verstehen, dass *ihr* Einsatz *dein* Einsatz ist.

Das Wesen des Lebens ist DAS-WAS-IST, jene große Macht, die uns alle in verschiedene Ebenen der Existenz wirft. Wir sind alle Teil dieser großen Gesamtheit, dieser Energie.

13

PROBLEME SIND KEINE PROBLEME –
SIE SIND LEKTIONEN, DIE ES ZU LERNEN GILT

Nur wenn du durch den Prozess gehst, kannst du die Reinheit des weißen Lichts wirklich schätzen. Mit anderen Worten: Im Leben geht es darum, ständig Facetten eines Diamanten oder eines Juwels zu polieren – in Ermangelung einer anderen Metapher. Und jede dieser Facetten spiegelt die anderen Facetten wider und wird immer klarer, je mehr Licht hindurchfällt.

Die Aufgaben der Menschen fallen in die Bereiche, wo sie bestimmte Facetten ihres Juwels zu polieren haben. Mit dem Polieren wachsen sie. Wenn du schon von vornherein poliert wärst, entstünde kein tieferes Verständnis des wahren Konzepts der Welt im Universum. Der Prozess ist Teil des Verstehens. Der Lohn ist Erleuchtung. Jenes reine Verstehen der reinen Energie. Würdet ihr schon erleuchtet anfangen, gäbe es keine Freude. Der Trick besteht darin, sich jetzt an dem polierten Juwel zu erfreuen.

Da mag dir die Frage in den Sinn kommen, ob das nicht auch möglich wäre, ohne zu arbeiten.

Nun, was ist Arbeit, und warum sollte man keine Freude daran haben? Ich meine, das ist alles sehr subjektiv. Viele Menschen verehren und lieben ihre Arbeit. Irgendwo auf einer Wolke zu sitzen und sein Juwel zu bewundern, würde nach einer Weile ziemlich langweilig.

Manche Menschen nennen das vielleicht »Ausruhen« oder den »Himmel« oder so. Doch nur im Prozess entfaltet sich Freude. In Aktivität. Im Tun. Sich einer Aufgabe widmen und die Herausforderung annehmen, das eigene Wesen zu erkunden, um sie zu bewältigen.

Das ist die Freude dieser Existenz. Es geht darum, den besten Teil von dir zum Vorschein kommen zu lassen und das immense Wissen zu erkennen, über das du verfügst, um auf dieser Ebene – und in jedem Leben – das Wertvollste hervorzubringen. Im Laufe dieses Prozesses werden dir viele Hindernisse in den Weg gelegt. Die Spannung liegt darin, sie zu überwinden und zu erfahren, was jenseits davon liegt. Das bringt Freude.

Es gibt Menschen, die jubeln, wenn Hindernisse auftauchen. Weil sie wissen, dass sie Wachstum ermöglichen. Und dass sich in dem Prozess des Überwindens dieses Hindernisses etwas Neues offenbaren wird.

Wenn du jemanden verlierst, der dir nahestand, ereignet sich ein Prozess des Trauerns. Dieser Prozess muss stattfinden, bevor du weitergehen kannst – um es einfach auszudrücken. Es gibt in deinem großen Netzwerk an Lebensressourcen verschiedene Erfahrungen, die nochmals durchlebt und durchdacht werden müssen, bevor du weitergehen kannst. Meistens werden diese vergangenen Leben wieder angerührt, weil es entweder eine Lektion gibt, die nicht gelernt wurde und die integriert werden muss, oder es gilt, sich von einem Schmerz zu lösen, den du durchleben und hinter dir lassen musst. Menschen, in deren Leben Hindernisse auftauchen, sollten also wissen, dass sie nur da sind, damit sie sie durchleben können. Sie müssen das Muster oder das Hindernis durchbrechen. Das Hindernis taucht auf, weil darin etwas steckt, was sie aufhält. Es wird zu einer Wand, und die Wand taucht auf. Oft können wir nicht darüber hinaussehen. Aber sie taucht nur auf, um durchbrochen und überwunden zu werden.

Die Frage ist, ob das Glas halb leer oder halb voll ist. Wenn du dich darauf konditionierst, zu meinen, das Glas sei halb leer, wird jedes Hindernis schmerzhaft sein. Aber wenn du anfängst – und dies ist Teil des Prozesses –, das Glas als halb voll zu betrachten, und gespannt darauf bist, den Rest aufzufüllen, dann verändert sich dein Leben.

Probleme sind keine Probleme – sie sind Lektionen, die gelernt werden wollen. Wachstum, das stattfinden will. Dir das Wachstum zu versagen, bedeutet Rückschritt, Isolation. Du solltest deine Schwierigkeiten annehmen und dich ihrer erfreuen. Weil sie dich zu noch größeren Triumphen tragen werden.

Auf dieser Ebene gibt es Menschen, die ihre Zeit hier ableisten, und dann gibt es Menschen, die ihnen dabei helfen; sie helfen ihnen auch zu verstehen, welche Freude man dabei haben kann.

Die Erde ist ein schwieriger Ort, um Karma abzuarbeiten, falls dir dieses Konzept vertraut ist. Es ist ein Ort, wo die Leute dafür bezahlen müssen, wenn sie in der Vergangenheit Freiheiten missachtet haben. Sie sind dann hier und sie werden von jenen geleitet, die sich freiwillig gemeldet haben, um ihnen zu helfen. Ich sage nicht, die Erde sei ein Straflager, aber sie ist gewiss ein Ort, wo die Leute hingehen, um sehr schwierige Lektionen zu lernen. Sie gehen durch eine sehr, sehr harte Schule.

Es gibt im Universum viele solcher Orte. Sie sind weit von euch entfernt und euch unbekannt. Natürlich läuft das im ganzen Universum so. Und das Universum ist ziemlich groß.

Auf verschiedenen Ebenen erscheinen unterschiedliche Wesen. An manchen Orten sind sie nicht unbedingt verkörpert. Sie sind Lichtfelder. Manche Orte funktionieren über Klangwellen und die Energie, die sie erzeugen. Das ist sehr schwierig zu erklären, weil ihr mir nur ein geringes Vokabular an die Hand gebt, um das mitzuteilen, was ich sagen möchte. Und natürlich gibt es auch Orte, die auf eine euch völlig unbekannte Art und Weise funktionieren. Vollkommen anders. Sie sind anders. Andere Lektionen. Sie kommunizieren nicht über Sprache. Viele arbeiten mit Gedanken.

Es ist fast unmöglich zu erklären, aber sie kommunizieren ähnlich, wie ein Geruch kommuniziert oder eine Schwingung.

Schwingung ist Sprache. Düfte sind Sprache. Es ist eine andere Ebene. Sie kommuniziert. Sie erzeugt Bilder. Wenn du einen bestimmten Duft riechst, entstehen lebhafte Bilder. Das ist keine Kommunikation durch Sätze.

Wenn du kinästhetische Bewegungen und Tanz siehst und plötzlich zu Tränen gerührt bist, wurde nichts gesprochen, aber es ist dennoch eine Sprache. Die Bewegung durch den Raum wird zu einer Sprache. Sie kommuniziert.

Die Erde tritt gerade in eine sehr schwierige Übergangs-zeit ein. Und es gibt jene, die auftreten, um den Menschen zu helfen, die anstehenden Veränderungen anzunehmen. Nicht alle werden es bereitwillig tun. Aber wir möchten den Men-schen zeigen, dass am Ende etwas Großartiges steht. Es ist ein Übergang.

Ich bin nur der Vermittler einer größeren Energie. Ich bin Teil dieser Energie. Und ich übergebe sie dir. Sie ist da, um zu helfen. Ich bin genauso ein Kanal wie du. Wir sind eine Kette, die zur Mitte führt. Und in der Mitte ist DAS-WAS-IST.

14

DU VERFÜGST BEREITS ÜBER DIE ANTWORT, DIE DU ERSEHNST

Widme dich deinem Leben, als würde es auf dich zukommen. Es kommt. Es ist alles ein Zyklus, in dem wir jene Ziele vollbringen, die wir uns gesetzt haben. Erkenne das Potenzial, das für dich da ist. Wir kommen in einer Energiequelle, die die Bandbreite deiner Informationsübermittlung vergrößern wird. Wir brauchen deine Erlaubnis dafür, mit unserem Herzen in dein Sein einzutreten. Wir möchten, dass du diese Kommunikation und ihren Zweck hier von deinem Kern her erfasst.

Du bist hier zu diesem Zeitpunkt der Punkt, auf den wir uns fokussieren. Du bist jetzt hier, um Uraltes freizusetzen. Spüre nur dein Herz, denn es wird dich in Bereiche führen, die du brauchst, um dir diese Kraft zu eigen zu machen. Du bist jetzt hier, um eine neue Art von Energie zu verstehen, die kommen wird. Sie wird euch durch eine Zeit großer energetischer Bedeutung tragen.

Es liegt in deiner Macht, dich auf eine andere, hohe Kommunikationsebene zu begeben. Sie kommt zu dir mit einer Kraft, die durch die Zeitalter gelenkt wurde und jetzt hier angekommen ist, um diejenigen einzubeziehen, deren Aufgabe es ist, für Harmonie in der Welt zu sorgen.

Du wirst die »Musik« dieser Kraft dirigieren. Dein Leben hat jetzt eine große Bestimmung. Du wirst von anderen Belastungen befreit werden, um das zu vollbringen. Dir werden noch mehr Informationen dazu offenbart werden.

Wir wissen, dass du wichtige Fragen hast, aber dein Leben ist hier, um Fragen von größerer Reichweite zu beantworten.

Wisse dies. Es kommt rapide auf dich zu. Du bist Teil eines größeren Plans. Er wird sich dir in naher Zukunft offenbaren. Er ist von großer Dringlichkeit.

Fürchte die Kraft nicht. Aus ihr geht Großes hervor. Sie ist seit Urzeiten hier und wird immer hier sein. Sie wird offenbar, weil es zu diesem Zeitpunkt notwendig ist, um weitere Katastrophen zu verhindern. Das Große, was kommt, wird durch große Katastrophen kommen. Aber es wird für jene sichtbar werden, die sich ihm zuwenden. Du bist jetzt hier, um es zu empfangen. Es wird machtvoll zu dir kommen.

Was dir bedrohlich erscheint, steht nicht so unmittelbar bevor, wie es sich für dich anfühlt. Es ist eine Art Schraubzwinge, die nachlassen wird, wenn du die Energie fließen lässt. Sie fließt durch deine Hände. Das wird die Anspannung lösen, die du fühlst. Die Modalität deiner Energie entspricht einer höheren Harmonie. Du wirst das in deiner Arbeit spüren. Sie wird dich auf eine andere Art involvieren.

Dein Geist wird auf eine andere Art involviert werden, und das wird bei jenen, mit denen du in Kontakt kommst, sehr viel bessere Ergebnisse erzielen. Du wirst das auf eine konkretere Art sehen, und das wird dir helfen. So wird deine Überzeugung noch mehr von Herzen kommen.

Wir haben alle unterschiedliche Auffassungen darüber, was Unheil bedeutet. Was dir als Untergang erscheint, gereicht einem anderen zur Freude. Es kommt immer darauf an, wie du das Leben wahrnimmst, wie dein Blick auf das Leben ist.

Du meinst vielleicht, etwas zu opfern, und an diesem Punkt stehst du vielleicht gerade. Aber schaut man das große Ganze an, sind die Opfer gering. Du wirst ein wenig verlieren und viel gewinnen. Beunruhige dich nicht wegen des Verlusts von Annehmlichkeiten, der in deinem Leben notwendig erscheint. Es wird sich sehr lohnen. Du musst dich vorbereiten, um die Stürme besser zu begreifen, in denen du dich befindest. Sie alle enthalten Lektionen; sie sind nicht zufällig.

Die Sache mit dem Geld ist eine ganz andere Angelegenheit. Sie mag mit deiner Zögerlichkeit zusammenhängen, den Fluss des Lebens zu spüren, der dich umgibt. Deine Zögerlichkeit entsteht oft aus dem mangelnden Verständnis deines Wesens als Gebender anstatt als Nehmender. Das ist kein einfaches Konzept, ich kann dir nur sagen, dass deine Lebenskraft zunimmt und sich weiter ausdehnt; und in dieser Ausdehnung wird sie die Art von finanzieller Unterstützung anziehen, nach der du dich sehnst. Anders herum geht es nicht. Die finanzielle Unterstützung wird sich erst zeigen, wenn du dein Leben von innen her veränderst. Dann wird sie kommen. Im Moment ist es schwierig, das stimmt, aber dein Leben verändert sich – das musst du spüren. Und mit der Veränderung und der umfassenderen Akzeptanz deines Wachstumspotenzials wird es *zu dir* kommen; es wird ein Teil *von dir* sein.

Auf eine merkwürdige Weise gibt es in dir einen Widerstand gegen deinen Erfolg. Es gibt da immer noch eine Negativität – eine dünne, transparente Schicht –, die es dir schwermacht, Erfolg zuzulassen. Es ist die letzte Bastion der Selbstzerstörung, die du manchmal manifestierst. Sie *wird* verschwinden, sie wird sich auflösen. Du brauchst nur das Wissen in dir zuzulassen, dass du in einem Bereich des Erfolgs bist und nicht des Versagens.

Du musst das Konzept des Versagens aufgeben. Du musst dich von der Neigung zu dieser Sichtweise befreien. Du kämpfst schon seit einer Weile dagegen, und ich glaube, du hast manchmal immer noch den Drang, diese Energie wieder aufzusuchen. Aber das wird sich verändern; du wirst eine Veränderung bemerken.

Dein Leben wird erschaffen und es wird von der Umgebung gespiegelt. Nicht anders herum. Du erzeugst die Umstände, in denen du dich befindest. Es ist nicht so, dass Geld kommt und du dich dann besser fühlst – du fühlst dich besser und dann kommt das Geld.

Du lässt dich im Außen von den Winden der Veränderung beuteln und wendest dich nicht den inneren Stürmen deines Lebens zu. Es ist nicht einfach, aber du musst dich dem zuwenden. Wenn diese Energien und Stürme Klarheit in deine Beziehungen, in dein Liebesleben und deine Umgebung bringen, wird sich dir das in gesünderen Umständen spiegeln. Solange diese Stürme in dir weitertoben, erzeugen sie stürmische Umstände – ein Umfeld, das kalt und dann windig und dann turbulent ist. *Dies* erzeugt *das,* nicht anders herum.

Du bist mit Gewissheit auf einem Weg, der dich von dieser Art negativer Kreativität fortführt. Du bist auf einem guten Weg. Deshalb würde ich mich an deiner Stelle jetzt, in dieser Sekunde, nicht um deine Lebensumstände sorgen. Sie verändern sich. Vertraue auf die Veränderung.

Du beginnst, auf eine genauere Art zu verstehen. Das ist dein Weg. Es hat nichts mit dem Kopf zu tun. Das möchte ich unterstreichen. Es ist wichtig für dich, mit einem größeren Teil von dir in Kontakt zu kommen, der verborgen geblieben ist. Das ist die Lektion für dich. Solltest du dich auf sie einlassen, wirst du Großes erreichen. Du arbeitest *daran.* Aber du solltest an *dir* arbeiten *lassen.* Deine Eingriffe und Spekulationen behindern den Energiefluss. Du störst und versperrst ihm den Weg. Lass nicht zu, dass du deine Kraft ständig infrage stellst. Du bist ihr im Weg. *Geh aus dem Weg.* Lass sie durch dich *hindurchfließen,* ohne sie infrage zu stellen.

Würdige die Kraft in dir und lass sie auf dir spielen wie auf einem Instrument. Lass sie durch dich spielen. Stelle nicht ständig die Spannung der Saiten infrage; lass die Musik erklingen. Du bist zu manipulativ, wenn du versuchst, sie zu prüfen. Sie zu fassen. Sie zu erfassen. Sie ist bereits in dir. Deine frustrierenden *Versuche,* dich zu öffnen und aus dem Weg zu gehen, um ein klarer Kanal zu werden, sind Teil des Problems.

Dein Leben ist DAS-WAS-IST. Würdige das, und alles andere wird durch dich fließen. Du bist Teil des Universums. Es wird durch dich fließen, belasse es dabei. Lass dich von dieser Freiheit einhüllen, der Freiheit von Angst. Erlaube dir, zu spüren, was du brauchst, aber lass dich nicht davon beherrschen. Das ist nicht einfach. Das will ich auch nicht behaupten. Aber dein Verlangen, auf die gewohnte Weise weiterzumachen, muss sich vielleicht ändern. Vielleicht solltest du in gewisser Weise etwas herunterschrauben. Du musst dein Leben einfacher gestalten, als es ist. Du bist beladen. Verschlanke dich, dann wirst du mehr Freude am Leben haben als jetzt.

Du bist in materielle Angelegenheiten verstrickt. Ich will nicht sagen, dass es sich nicht lohnen würde, es bequem zu haben. Aber dein Wohlergehen wird von einer sehr engen Perspektive bestimmt.

Du hast dich bequem und komfortabel eingerichtet, ohne zu wissen, dass es auch viele andere Bereiche gibt, in denen du Annehmlichkeiten erfahren kannst. Du bist dir dieser Bandbreite nicht bewusst. Du hast eine feste Vorstellung von Komfort. Doch das ist ein Produkt deiner Einbildung, das dich in gewisser Weise von einem umfassenderen Seins-Empfinden und Selbstwertgefühl abgeschnitten hat.

Selbstwert wird nicht durch die Menge an Besitztümern oder Eigentum bestimmt. Selbstwert handelt von innerer Erfüllung und ob diese Freude sich im Leben zeigen darf. Deine Überzeugungen davon, wie sich dein Selbstwert zeigen wird, laufen in einem falschen Programm. Du hast die Erfolgsrezepte anderer Leute übernommen. Lass dich nicht entmutigen. Du musst neu definieren, was wahres Glück für *dich* bedeutet, und zwar durch die Suche und die Reise zum Herzen. Alles andere ist Vermeidung.

Lass dich nicht entmutigen. Du verfügst bereits über die Antworten, die du ersehnst. Du suchst nach jemandem, der dich heilen soll. Doch die Heilung kommt von dir selbst, aus dir selbst. Die Antworten sind bereits da. Niemand kann das für dich besser machen.

Vertrauen ist das Entfernen von Zweifel. Vertrauen ist die Abwesenheit von Zweifeln daran, dass die Botschaft eindeutig, klar und wahr ist und die Person, die die Botschaft überbringt, keine verborgenen Absichten damit verknüpft. Das ist sehr schwer, denn wie wir auf dieser Ebene, in dieser Existenz gesehen haben, sind die Überbringer der Botschaft manchmal sehr makelbehaftet, und oft misstrauen die Menschen einander, wenn es um irgendwelche Führungspositionen geht. Selbst Jesus und Moses wurde Misstrauen entgegengebracht.

Eine Botschaft kann nur ganz erfasst werden, wenn ihr vertraut wird. Das ist nicht immer der Fall. Es gibt Situationen, in denen die Umstände Wahrheiten hervorbringen, und wenn du schlau genug bist, erkennst du sie. Doch das, was die Leute, mit denen du zu tun hast, verstehen sollen, muss mit sehr viel Mitgefühl und Wahrhaftigkeit einhergehen. Es darf nichts anderes hineingemischt sein. Keinerlei Hintergedanken.

Die Botschaft muss rein sein. Es geht nicht darum, berühmter zu werden; es geht nicht darum, mehr Geld zu verdienen. Das mögen Nebenprodukte sein. Manchmal werden sie geschenkt, und manchmal nicht. Sie können jedoch nicht die Motivation sein. Sie muss auf Mitgefühl beruhen, auf dem Wunsch der Seele, mit einer anderen Seele Verbindung aufzunehmen. Auf einer Kommunikation von Herz zu Herz.

Die Leute merken, wenn du dich ihnen wirklich zuwendest. Nicht auf eine trügerische Art, die nur aus leeren Worten besteht, sondern auf eine echte, aufrichtige, spirituelle Art. Sie verstehen das nicht immer mit dem Kopf, aber ihr Instinkt kennt den Unterschied. Echte Kommunikation besteht aus der Energie, die von einem Leben zum anderen fließt und die wir alle gemeinsam nutzen. Das ist wahr. Das ist echt.

15

IN DER INTERAKTION MIT ANDEREN
FINDEN WIR »UNS SELBST«

Wir halten dich in unseren Händen. Wir werden da sein, um dir in diesem Bereich, in dem du dich gerade befindest, zu helfen. Wir spüren, wie deine Energie den Menschen in deinem Umfeld hilft. Du bist aufgefordert worden, in deinem Leben präsent zu sein. Du bist hier, weil es dich drängt, in Kontakt zu gehen. Dein Leben wird helfen, in diesem Bereich unvollständige Dinge zu erledigen.

Deine Bedürfnisse liegen uns am Herzen. Dein Leben ist schon unzählige Male hier gewesen. Ihr seid hier, weil eure Energie euch zusammenbringt. Dein Leben befindet sich in einer größeren Einflusssphäre, als dir gegenwärtig bewusst ist. Es kommt auf einer anderen Ebene auf dich zu. Das wird dir im Laufe deiner Weiterentwicklung offenkundig werden.

Deine Energie stammt aus einer größeren Lebenskraft, die durch dich hindurchkommt. Sie manifestiert sich in deinen Gedanken. Sie führt dich zu deinem Instinkt. Euer Instinkt ist die Gesamtsumme eurer Lebenserfahrung. Er ist die Enzyklopädie der Menschheit. Du brauchst ihn nur anzuzapfen, und es wird dir klar werden.

Du brauchst nur in Kontakt zu gehen, um das zu verstehen. Deine Mission bedeutet Interaktion, nicht Isolation. Dein Leben definiert sich durch deine Fähigkeit, es für andere zu öffnen. Das lässt Größe in deine Seele eingehen.

Du siehst im Moment nur einen Bruchteil deines größeren »Ichs«. Um vollständig zu sein, musst du verstehen, dass die

Harmonie der Rhythmen deines Lebens durch deine Fähigkeit bedingt ist, dich gänzlich mit ihm in Harmonie zu bringen. Verbinde dich mit dem DAS-WAS-IST in deinem Leben, mit dem größeren Leben.

Viele Menschen haben abgespaltene Teil-Persönlichkeiten, ohne Kontakt mit der größeren Seele. Du fängst an, diese Teil-Persönlichkeiten wahrzunehmen, und deine Mission besteht darin, ihnen bei ihrer Integration zu helfen. Du wirst ihnen helfen, zu verstehen, dass jedem Individuum Größe innewohnt und dass es Wege gibt, diese zu entdecken.

Es gibt viele Wege, aber du kannst ihnen die Richtung zeigen. Finde einen Weg; sie werden dann weitermachen.

Kein Augenblick ist vergeudet, wenn du mit der dahinterliegenden Energie Kontakt aufnimmst. Egal wo du anfängst, es wird dich dahin führen, wo du hinmusst. Du brauchst nur anzufangen.

Es wird für Kinder immer schwieriger, in dieser Welt zu überleben. Schau in die Augen eines Dreijährigen – betrachte die Sichtweise eines Kindes, das sich dieses größeren Raums immer mehr bewusst wird und nach und nach von seinen Instinkten weggeht.

Diese Entwicklung ist etwas Offensichtliches. Wenn Kinder den Schritt in diese Welt tun, sind sie zunächst in Kontakt mit diesem höheren Selbst. Dann kommt eine Übergangszeit im Leben der Kinder, und sie müssen dieses Wissen hinter sich lassen und sich in dieser Ebene verankern. Vieles geht verloren, sodass vieles gelernt und dann im späteren Leben wieder abgerufen werden kann. Doch damit sie die Lektionen dieser Ebene wirklich begreifen können, müssen sie die Enzyklopädie loslassen, die sie mitgebracht haben. Es ist eine Prüfung ohne Nachschlagewerke. Vielleicht möchtest du dich mit diesem Übergang noch einmal befassen.

Was die Übergänge im menschlichen Leben betrifft, sind wir uns alle jener Schwelle, jenes Tores bewusst, durch das wir in die Ewigkeit eingehen. Da findet eine Transformation statt. Sie ist für alle unausweichlich. Natürlich bedauern wir alle den Verlust. Es ist notwendig, Verluste zu verarbeiten und nicht zu leugnen. Doch es gibt einen Abschied, der nie stirbt. Die Liebe zu den Hingeschiedenen stirbt nie. Das ist nicht der Verlust. Der bezieht sich auf die Beziehung, die in der Wirklichkeit dieser Ebene verwurzelt ist. Es ist wie mit bequemen Sesseln. Man will sie nicht hergeben, weil sie so gut eingesessen sind. Aber es gibt neue Sessel und neue Leben, mit denen Verbindung möglich ist.

Ich will mich nicht in die Prozesse einmischen, die du in deinem Leben entdecken musst. Ich kann dir nicht sagen, was in Bezug auf einen anderen Menschen für dein Leben richtig ist. Ich kann dir nur raten, im Zusammensein mit dieser Person auf die Musik deiner Seele zu lauschen. Wenn dich die Person unglücklich macht oder du dich eingeengt fühlst, tut sie dir dann wirklich gut?

Genieße die Freude und lass den Rest beiseite. Versuche, nicht zu projizieren. Sei im Augenblick. Wenn es ein bedeutenderer Augenblick werden sollte, was dein Verständnis betrifft, dann wird es sich offenbaren. Aber versuche nicht, ihn zu etwas zu machen, von dem du meinst, dass du es brauchst. Was du in deinem Leben brauchst, ist Freude. Die Freude kommt nicht durch eine Person; die Freude ist in *deinem* Leben.

Dein Leben hat unglaubliche Hürden genommen, um dich daran zu erinnern, dass die Großartigkeit des Universums in dir existiert. Ich glaube, die Fragen, die sich jeder in Beziehungen stellen muss, lauten: *a) Glaube ich, dass ich in dieser Beziehung als Mensch vollkommen bin? ... Glaube ich, dass ich vollständig bin? Und b) Achtet diese Person diese Überzeugungen und mich selbst?*

Wenn du nach jemandem suchst, damit du vollständig wirst, ist es nicht die richtige Beziehung. Du brauchst Bestätigung. Aber das sind zwei verschiedene Themen. Du musst davon überzeugt sein, dass dein Herz vollständig ist. Und wenn die Beziehung bewirkt, dass du dich »unvollständig« fühlst, dann dient sie nicht deinem Wachstum.

Wenn du das Gefühl hast, dein Herz ist gebrochen, dann vermittelt dir dein Schmerz viel Verständnis, um den Menschen um dich herum helfen zu können. Du hast Großes in dir. Lass nicht zu, dass die Leute das leugnen. Und wenn sie das tun oder wenn du diesen Eindruck hast, dann musst du das erforschen. Es gibt Menschen, die, um ihr Selbstwertgefühl zu nähren, anderen ihr Selbstwertgefühl nehmen. Das ist eine Art Lackmus-Test für Beziehungen. Wenn du das bemerkst, befindest du dich in einer zerstörerischen Beziehung, die deinem Wachstum nicht förderlich ist. Das lässt sich durch deine Meinung über dich selbst ändern. Dein Schmerz war nicht umsonst. Das Mitgefühl, das du für andere hast, ist sehr tief, weil du es selbst erlebt hast. Lass dir dieses Wissen von nichts und niemandem nehmen. Doch das ist leicht gesagt.

Du musst dir Zeit nehmen, bis nur noch reine Energie durch dich fließt. Du brauchst das. Ich spreche hier nicht von Isolation. Aber du solltest Augenblicke finden, in denen du dich mit dem Universum in Einklang bringen kannst. Du brauchst in deinem Leben sehr stille, ruhige Momente, in denen du deine Schönheit erkennst. Nimm dir diese Momente und genieße jede Sekunde davon. Und dein Leben wird wachsen.

Das Wichtige ist, dass du weiter in Kontakt gehst und dich nicht isolierst. Manchmal meinen wir, uns in der Isolation besser finden zu können. Das stimmt nicht. Wir finden »uns selbst« in der Interaktion mit anderen. Deswegen werden wir nicht auf einer einsamen Insel geboren. Wir sind hier, um andere Leben in unser Leben einzubeziehen. Sie einzuladen. Das Lernen geschieht in dieser Interaktion.

Es mag dafür keine Worte geben. Aber deine Liebe zum Leben lässt sich vermitteln. Deine Liebe zu den Leben um dich herum. Die Fähigkeit, zu lieben, trägt die Menschen voran.

Wenn Menschen diese Fähigkeit verlieren, fangen sie an, innerlich zu verrotten und zu sterben. Konzentriere dich auf die Liebe.

Wenn du ergebnisorientiert bist, zeigen sich dir die Dinge nicht unmittelbar. Wisse, wo die Liebe in deinem Leben ist – da liegen deine Antworten, in deiner Fähigkeit zu entscheiden, wo in deinem Leben deine Liebe ist. Das ist der Weg. Der Rest wird sich dann einfinden.

Zum Beispiel sind die Verbindungen zu unserer Familie die stärksten Bande, die wir auf dieser Ebene haben. Sie bringen nicht nur unser Leben hervor, sondern auch unsere Absicht in dieser Präsenz, die wir *Leben* nennen. Sie geben dir deine Mission – die Umstände, unter denen du hier zu Gast bist –, die du gewählt hast. Diese Bindungen sind die wichtigsten. Ihre Erfüllung bringt unverhofften Lohn. Du kommst hierher, um ein Teil ihres Lebens zu sein. Du hast sie gewählt. Du bist emotional an sie gebunden. Du hast viel von ihnen zu lernen. Sie werden nicht mehr lange hier sein. Und wir auch nicht ..., du nicht ..., sie nicht. Versuche, von ihnen zu lernen, von ihren Erfahrungen mit der Liebe.

Frage sie nach den Lieben ihres Lebens. Du wirst viel lernen. Nicht unbedingt nach der Liebe zu Menschen, eher, was sie in der Natur lieben.

Frage deine Mutter danach, was sie in diesem Leben liebt. Wo in all ihren Beziehungen ist Liebe zu finden? Das wird ein paar tiefgründige Antworten hervorbringen. Das ist das Wundervolle, was wir gemeinsam haben: Wir lieben. Wenn du dieses Große mit anderen teilst, entwickelst du dich zu einer viel höheren Ebene hin. Wir verbringen so viel Zeit damit, über das zu sprechen, was wir hassen. Das ist kindisch. Im Zusammenhang mit Liebe und Familie öffnen sich Türen.

Dasselbe gilt für deine Großeltern. Frage sie, was sie in diesem Leben geliebt haben. Was lieben sie? Es klingt vielleicht kitschig, aber es wird nicht kitschig sein.

Sei ganz offen zu ihnen und erkläre ihnen, was *du* liebst. Du wirst alles verändern. Lass sie sehen, wer du bist.

Ich werde bei dir sein, dich vorwärtsdrängen.

16

SELBSTWERTGEFÜHL BERUHT AUF DEM VERSTÄNDNIS, DASS DU DAS UNIVERSUM BIST

Den Zugriff auf diese neue Ebene der Heilung zu lernen – das ist, als wollte man sehr gut jonglieren lernen. Am Anfang lässt man viele Bälle fallen. Aber je mehr du dich auf das einlässt, was durch dich hindurchfließt, desto besser kannst du darauf zugreifen und es auf eine Weise kanalisieren, die das Leben nährt.

Du befindest dich in einer Erfahrungskurve. Irgendwie willst du nicht in dieser Kurve sein, aber du bist es. Und es wird noch eine Weile andauern. Aber du lernst immer besser damit umzugehen.

Du fängst an, die innere Haltung zu begreifen, den Weg frei zu machen. Zur Seite zu treten. Es durch dich hindurchzulassen, ohne es zu manipulieren. Je reiner es durch dich hindurchkommt, desto mehr haben die Leute davon, die mit dieser Ebene der Heilung in Kontakt kommen.

Sei rein und klar in deiner Arbeit. Du wirst feststellen, dass es beim Heilen nicht nötig ist, für Schutz zu sorgen. Durch die dahinterstehende Absicht erzeugen umfangreiche Schutzvorkehrungen oft die realistische Illusion genau jener Dinge, vor denen sie schützen sollen.

Bei manchen Leuten, die mit Heilung zu tun haben, spielt eine Menge Aberglauben mit. Sie brauchen diesen Aberglauben, weil sie die Energie nicht verstehen, die durch sie hindurchfließt. Also wird sie zu einer Art Mythos.

Es entsteht ein Mythos um den Zugang zu dieser Energie, weil wir nicht glauben, dass jeder Zugang dazu hat. Jene, die in Kontakt damit sind, müssen Medizinmänner sein. Doch in Wahrheit haben wir alle Zugang zu dieser Art von Heilung. Wir sind uns dessen nur nicht bewusst.

Es gibt Leute, die nach vorne treten und Tore zur Bewusstheit öffnen, damit das Licht etwas klarer, etwas stärker durchscheint. Aber sie sind nicht außergewöhnlicher als irgendjemand anderes auf diesem Planeten. Ihre Tür steht nur ein wenig weiter offen. Und es gehört genauso zu ihrem Prozess, anderen zu helfen, wie es zum Prozess der anderen gehört, diese Informationen zu nutzen.

Zu deinem Prozess mit der Heilung gehört auch, dein eigenes Leben zu heilen. Deine Existenz auf tiefere Weise zu verstehen. Es ist nicht nur ein Akt der Wohltätigkeit.

Es gibt Menschen, die den ganzen Unsinn glauben, der mit vielem Mystischen einhergeht. Solange deine Haltung gegenüber deiner Arbeit rein ist, brauchst du keinen Schutz. Manche Menschen brauchen ihn eben: Sie brauchen ihn so, wie man Krücken braucht.

Manche Leute meinen, sie müssten sich vor negativen Energien oder dämonischen Kräften schützen. Aber dämonische Kräfte sind nichts als verzerrte, verbogene Energieformen, die Menschen in ihr Leben nehmen und sich aneignen. Sie sind missverstandene Energie, was ihre Macht und die Bedürfnisse dieser Ebene betrifft, als Gegensatz zur Wahrheit, die gut ist. »Der Teufel hat dir das eingegeben« – in den Begriffen der Wirklichkeit, die du zu sehen versuchst, gibt es das nicht.

Macht ist für viele ein Aphrodisiakum. In vielen Bereichen dieser Ebene geht es nur um Macht und den Verlust von Macht.

Es gibt Energie, die die Leute als böse bezeichnen, um sich davon abzugrenzen, anstatt sich ihrem Leben direkt zuzuwenden. Die Leute erhalten Informationen und entscheiden dann, ob sie damit Machtkontrolle ausüben möchten oder ob sie sie an andere weitergeben wollen, damit diese Macht in ihrem Leben erfahren. »Wenn ich die Macht habe, kann ich die Leute kontrollieren, und dann fühle ich mich besser.« Das ist eine Illusion, ein Kartenhaus, das irgendwann zusammenbricht.

Eine andere verbreitete Meinung ist, man müsse gewisse Dinge durchmachen, weil es das eigene Karma sei, und jegliche »Einmischung« durch Heilung störe die karmischen Lektionen.

Wer zu dir – oder zu sonst irgendjemandem – kommt, um zu einem besseren Leben zu finden, arbeitet in genau diesem Moment an seinem Karma. Wer zu dir kommt, wird aktiv, um sein Karma zu überwinden. Du wirst keine karmischen Auswirkungen auf irgendeiner Ebene verhindern. Doch bei jenen, zu deren karmischen Lektionen es gehört, die Angst zu überwinden oder eine Krankheit zu bewältigen, ist das Aufsuchen von Menschen, die ihnen Türen öffnen können, Teil ihres karmischen Prozesses. Damit schreiten sie auf ihrem Weg voran. Du bist Teil ihres Prozesses des Suchens und Findens. Es reicht nicht, zuzusehen, wie jemand ertrinkt, ohne ihm eine Hand zu reichen.

Dein Leben besteht aus DAS-WAS-IST. Es ist eine perfekte Sache, im Einklang und in Harmonie mit der Musik des Universums. Jedes Leben führt eine glorreiche Symphonie auf. Manche Menschen auf dieser Ebene meinen, in ihrer Symphonie fehlen Instrumente. Ihre Musik wird dann disharmonisch, und auch in ihrem Leben gibt es wenig Harmonie.

Die ganze Suche nach Selbstwert dient dazu, zu erkennen, dass jeder und jede Einzelne von uns eine Symphonie und kein einzelnes Instrument ist.

Wenn du das in deinem Leben spürst – dass du Teil einer größeren Musik bist –, kannst du noch besser das Lied singen, für welches du auf diese Ebene gekommen bist.

Selbstwert beruht auf dem Verständnis, dass du das Universum *bist,* im Einklang mit anderen großen Lebenskräften, die uns alle umgeben. Wir sind nicht isoliert oder unvollständig.

Es gibt eine Menge Selbsthilfebücher, die dir sagen, eine Liebesbeziehung mache dich nicht vollständig – oder etwas anderes mache dich vollständig. Doch es ist gar nicht nötig, dich vollständig zu machen. Du *bist* bereits heil und ganz. Die Energie in diesem Feld zielt darauf ab, in diesem Leben zu dieser Erkenntnis zu erwachen. Du weißt, dass du ganz bist. Du kannst das »Selbstwert« nennen, aber so, wie du auf dieser Ebene bist, bist du groß.

Wir haben das vergessen, und wir wurden zu der Annahme verleitet, wir wären es nicht. Dein Selbstwertgefühl ist deine offene Tür zu deiner Vollkommenheit. Deshalb bist du hier – um dich daran zu erinnern. Es ist wie eine Schatzsuche.

17

GLAUBE AN DEINE FÄHIGKEIT, UND SIE WIRD SICH DIR ZEIGEN

Verstehe, dass unser Herz hier mit dir ist. Wir sind uns deiner Existenz in diesem Raum bewusst. Wir spüren deine Energie sehr deutlich in unserem Raum. Wir spüren, dass du mit anderen in Kontakt gehen willst. Deswegen bist du hier. Du suchst nach einem Teil in deinem Leben, den du als unvollständig empfindest.

Lass deine Energie durch deine Existenz sichtbar werden. Du bist in gewisser Weise von deiner Hauptenergiequelle abgeschnitten, und das macht dich auf dieser Ebene oft unglücklich. Du wirst bekommen, was du brauchst. Du rufst nach der Antwort, und sie wird in dein Leben kommen. Das erkennen wir ganz klar. Du brauchst nur daran zu glauben, dass du bekommst, was du brauchst, um es auf dieser Ebene zu verwirklichen.

Dein Leben hier ist von enormer Bedeutung. Du öffnest Türen, du öffnest anderen Leben Türen, durch die das Licht hereinkommt. Du bist eindeutig auf einem besseren Weg, und ein klarer Strom von Energie kommt durch dich. Ich bin sicher, du spürst das jetzt. Lass es weiter wachsen und hinterfrage nicht, wie es sich zeigen wird. Wisse einfach, dass es erscheinen wird. Lass es sich dir einfach weiter offenbaren.

Du kanalisierst auf viele spezifische Arten reine, echte Energie. Es ist die klarste Form von Kontakt. Wenn wir einander kontaktieren, tauschen wir Energie aus. Deine Energie, die du mit anderen Menschen mischst, ist ein starker Teil deines Wesens. Die Energie, die in Kontakt kommen möchte, ist da, um die Seele zu streicheln. Sie will nicht ängstigen. Dessen musst du dir von Herzen sicher sein.

Es werden auf vielen Ebenen Veränderungen stattfinden, weil es Lektionen zu lernen gilt. Du hast sozusagen deine Hausaufgaben erledigt, und jetzt ist es Zeit, weiterzuziehen. Jetzt wirst du einen großartigen Heilungsprozess durchmachen, weil du diese Lektionen nicht mehr brauchst. Aber vergiss das Gelernte nicht.

Du befindest dich im Prozess deiner eigenen Transformation. Wenn du dich mitten im Umbruch befindest, ist es manchmal schwer, an Wachstum zu glauben. Das ist ähnlich wie beim Umbau oder der Renovierung eines Hauses – du fühlst dich irgendwie mittendrin. Wenn du knietief im Staub und Dreck stehst, fragst du dich: »Warum habe ich damit nur angefangen?« Aber das Endergebnis ist sehr viel zufriedenstellender.

Jeder, der sich auf den Weg der Transformation begibt, lässt sich auf eine Menge Schwierigkeiten ein. Es ist einfach, an einem Ort zu bleiben, aber sich auf den Weg zu machen, erfordert echtes spirituelles Bemühen. Die Reise lohnt sich in dem Maße, wie du Einsatz zeigst. Dein Bemühen ist da, und du fängst an, große Veränderungen zu erkennen. Höre in dieser Hinsicht auf dein Herz.

Finde Wege, auf deinen Instinkt zu hören. Dein Instinkt wird dich nie fehlleiten. Wir müssen uns Zeit nehmen, auf den Instinkt zu achten. Finde Momente, in denen du das tust. Du tust es jetzt.

Verfeinere diesen Prozess. Die Stimmen sind da, damit du ihnen zuhörst. Sie werden dich in die richtige Richtung lenken. Oft geht es darum, zur Seite zu treten, uns aus dem Prozess herauszunehmen und uns vom Prozess selbst leiten zu lassen. Wir werden sehr kopflastig, wenn wir darüber nachdenken, welche Richtung wir nehmen sollten, vergeuden damit Energie und sind unnötig ängstlich. Dabei ist es viel einfacher. Geh aus dem Weg und lass dein Leben durchströmen. Der Fluss des Lebens wird dich ergreifen wie ein Blatt. Du brauchst nur mitzuschwimmen. Er wird dich zum Meer tragen.

Wir sind oft davon überzeugt, dass es einen Weg gibt, dem wir folgen müssten. Wir setzen unsere Scheuklappen auf, folgen diesem Weg und verpassen dabei viele Gelegenheiten. Öffne dein Leben und nimm die Scheuklappen ab, damit du sehen kannst, dass da drüben jemand mit dir Kontakt aufnehmen will. Du musst das da drüben *sehen* können. Du kannst nicht immer nur eng und fokussiert nach vorne schauen.

Dieses Licht ist sehr besonders. Deine Meisterung dieses Lichts ist das, was die Welt wirklich heilt. Viele haben diese Art von Licht schon erfahren, aber es gibt nur ein paar wenige, die es wirksam kanalisieren können.

Es ist ein enormes Unterfangen, dich auf das Kanalisieren dieses Lichts einzulassen. Aber du kannst das. *Dieses Licht ist das Leben selbst.* Es ist die Essenz des Universums. Es ist das, woraus wir erschaffen sind, was all unser Tun auf dieser Ebene ermöglicht. Dieses Licht in die Seelen leidender Menschen zu leiten ist das Höchste, was du einem anderen Menschen an Gutem tun kannst. Es ist ein heilendes Licht. Die Art, in der du das tust, stammt aus der Weisheit aller Zeiten.

Im Prozess des Channelns werden dir diese Informationen übermittelt. Das geschieht hier regelmäßig auf eine sehr unterbewusste Weise. Du wirst es im Laufe der Zeit noch deutlicher spüren. Du wirst es zuerst in deinen Händen merken. Sie ist da. Sie ist da. Spüre, wie sie durch dich hindurchgeht und aus dir herausstrahlt. Es ist dieselbe Energie, die eine Aura bildet. Aber sie ist auch tiefer als das. Eine Kugel, die dich durchdringen und um dich herum sein kann.

Glaube an deine Fähigkeit, und sie wird sich dir zeigen. Du bist auf keinen Fall zum Ausruhen hier. Es gibt eine Aufgabe für dich. Und sie wird sich dir sehr deutlich zeigen, wenn du weitergekommen bist. Deine Heilung wird noch vollständiger werden und durch diesen Prozess fließen. Du wirst vielen anderen helfen. Du brauchst ihnen nur die Hände entgegenzustrecken, und sie werden für dich da sein.

18

LASS AB VON DIESER LIEBESAFFÄRE MIT DEM LEIDEN

Dein Leben ist DAS-WAS-IST. Es ist hier, um die spirituelle Kraft durch die Personen zu leiten, mit denen du arbeitest. Diese Kraft wird ihnen die Flexibilität geben, die ihnen in der Vergangenheit gefehlt hat.

Deine Bewertungen müssen zurückstehen. Du musst so rein wie möglich in die Heilungssitzungen gehen. Lass den Verstand so weit wie möglich beiseite und werde ein *klarer* Weg, durch den die Energie fließen kann. Wir sehen sie tatsächlich als Licht, aber das ist eine andere Sichtweise. Es ist schwer zu erklären. Es ist mehr auf der Schwingungsebene. Licht ist Schwingung. Das, was durch dich fließt, schwingt in einer Lichtform. Die Schwingung erzeugt das Licht, so, wie ein Atomreaktor glüht. Es ist die Schwingung.

Aus derselben Quelle gehen verschiedene Schwingungen hervor – so ähnlich, wie wenn du eine Taste auf dem Klavier anschlägst und sie gleichzeitig stimmst und dabei eine Schwingung entsteht, die angenehm ist. Sie trifft die Energiekraft. Wenn du die Energie kanalisierst, experimentierst du oft damit, die Schwingung so abzustimmen, dass sie zu der Person passt, mit der du arbeitest. Harmonisch. Damit sie in die Person eintreten und Teil ihres Wesens werden kann. Das Licht ist dabei ein Nebenprodukt. Dieser Harmonie. Es ist diese Energie, die vibriert und Licht ausstrahlt. Das Licht ist ein Nebenprodukt der Schwingung der Energie, die durch dich kanalisiert wird. *Es ist das Nebenprodukt.*

Wenn die Leute sagen, sie würden mit Licht heilen, ist das, als würden sie sagen: »Ich fahre die Lokomotive mit Rauch.« Der Rauch ist ein Nebenprodukt. Die Energie setzt den Rauch frei. Die Energie, das Schwingungsmuster, setzt das Licht frei. Wir stellen uns das Licht als die Quelle vor, weil es etwas ist, woran wir *festhalten* können. Es erscheint uns greifbar. Aber letztlich ist es die Schwingung; es ist der Energiefluss. Er setzt das Licht frei.

Wenn du Farben siehst, ist die Farbe ein Nebenprodukt, genauso wie der Klang. Es verstärkt den Prozess nicht, wenn du versuchst, die Farben zu visualisieren. Das ist eine künstliche Übung, die dich nicht in Kontakt bringt. Sie *entfernt* dich aus dem Prozess, statt einfach den *Prozess* geschehen zu lassen.

Du spürst, wie die Energie durch dich fließt, und wenn du deinen Verstand ganz aus dem Prozess heraushältst, wird das Licht ein natürliches Nebenprodukt sein. Du meinst vielleicht, es sei für deinen Heilungsprozess optimal, in Kategorien von weißem Licht zu denken. Aber an weißes Licht zu denken, erzeugt es nicht, genauso wenig, wie sich ein Tisch entzündet, wenn du daran denkst, dass er verbrennen sollte. Du kannst das so lange denken, wie du willst, aber erst wenn du es von innen her zünden lässt, im Sinne von der Energie, die von innen her zündet, *dann* offenbart sich das Licht.

Das Farbensehen ist etwas sehr Individuelles. Das weiße Licht war natürlich schon immer ein heilendes Licht und wird es weiterhin sein. Es ist die manifestierte reine Energie. In anderen Farben, die nicht weiß sind, zeigt sich das Hinderliche. Wenn Farben auftauchen, sind sie häufig Manifestationen von negativen Kräften oder störenden Energien. Das weiße Licht ist in Bezug auf den weiteren Energietransfer richtig. Es ist das, was rein ist, die am meisten fokussierte Form von Energie, die sich durch dich zeigt. Sie kommt durch dich hindurch, diese Energie, diese weiße Energie.

Es kommt aus ihrem Leben – diese Bilder stammen aus ihren Leben – und wenn es für sie keine angenehme Erfahrung ist, dann ist das genau der Grund, weshalb sie es ändern müssen. Ähnlich, wie wenn du dich übergibst, um dich zu heilen: Du holst ungesundes Material wieder nach oben. In diesem Zustand der Heilung kommen den Menschen oft schlechte Bilder wieder hoch, die ein Teil von ihnen sind. Sie reinigen sich von dieser Energie. Deine weiße Energie tritt sozusagen hinein und ersetzt eine Art von Negativität, die ihre Heilung behindert, und das bringt dann diese Bilder hervor. Du ersetzt sie mit guter Energie. Deine gute Energie ersetzt diese Dinge. Ihnen kommen negative Bilder hoch, die aus ihrem Leben entfernt werden müssen. Das ist dann an dieser Stelle ein Heilungsprozess.

Heilung zu erklären ist ein kompliziertes Thema, weil zum Heilungsprozess zwei Partner gehören. Der eine Partner ist wie du: der Heiler. Und dann ist da die andere Person, die wir »Patient« oder »Klient« nennen, die geheilt wird. Wenn Patienten auf einer Schwingungsebene sind, die nicht *zulässt,* dass die Energie ihre Existenz durchdringt, dann kann sie nichts *heilen.* Der Prozess wird beendet. Das ist ihr Prozess in der Heilung. *Damit Heilung stattfindet, brauchst du einen Partner.* Es ist keine einfache, einseitige Geschichte von »Hier, komm zu meinem Licht – ich werde dich heilen«. So funktioniert es nicht. Es ist da, um das Leben dieses Menschen zu öffnen. Wenn diese Person zulässt, dass sich ihr Leben öffnet, dann kann die Musik vernommen werden.

Im Prozess vieler kranker Menschen geht es darum, zuzulassen, dass sich ihr Leben öffnet, um die Musik zu hören. Sie müssen durch einen Prozess gehen. Wir können den Leuten nicht den Schmerz ersparen. Wir können den Leuten nicht die Schwierigkeiten ersparen, die sie durchmachen, denn sie sind Teil des Lernprozesses. Wenn sie an einen Punkt kommen, wo sie überzeugt sind, dass sie ihre Heilung zulassen werden, dann tauchst *du* auf. *Du* verbindest dich mit dieser Bereitschaft, ihr Leben zu ändern. Sie sind an dem Punkt angelangt, wo sie zur Veränderung *bereit* sind. Es ist für viele sehr schwierig, an diesen Punkt zu gelangen. Es erfordert viel Seelenergründung, vor allem, wenn man es mit einer stark lebensbeeinträchtigenden Erkrankung zu tun hat.

Es ist also eine Partnerschaft. Und nur wenn diese beiden Harmonien miteinander einen Rhythmus finden, wird sie vollständig. Es ist, als hättest du ein Geschenk und fragst: »Hier, willst du das?« Manche Menschen betrachten dieses Geschenk als Gold. Und die es als Gold erkennen, nehmen es an. Andere betrachten es als Mist und werfen es weg.

Es liegt an der Person, die zu dir kommt, ob sie den *Wert* der Energie wahrnimmt, die ihr zufließt. Ihr Leben muss das wahrnehmen.

Wenn du einen positiven Energiefluss durch dich fließen spürst, bewirkt das Gutes. Wenn du das nicht spürst, fließt irgendetwas nicht richtig. Es ist eine Sache der Erfahrung und des Ausprobierens. Du wirst Wege finden, die sich für dich besser anfühlen. Nochmals: Es ist ein Prozess. Folge dem Prozess. Und experimentiere. Aber es *gibt* etwas, was du fühlst. Ich muss das betonen.

Zu gewissen Zeiten hörst du vielleicht sogar Töne oder spürst einen Druck auf den Ohren. Deine Erfahrung dieser Klänge ist wie ein Nachhalleffekt der Energien, die durch dich kommen. Sie sind ein Nachhall dessen, was du bewirkst. Sie sind *nicht* Teil des Prozesses, sie sind ein Ergebnis des Prozesses.

Ich könnte auch sagen: Wo Feuer ist, da ist auch Rauch. Rauch entsteht durch Feuer. Der Rauch macht das Feuer nicht aus. Dies sind Schwingungsmuster, die von der durchfließenden Energie freigesetzt werden. Sie sind ein Zeichen dieses speziellen Fokus.

Wenn du den Ton hältst oder den Ton wirklich laut werden lässt, wird es die Arbeit weder stören noch verstärken. Es ist einfach nur das, was freigesetzt wird, wenn die Energie durchfließt. Es ist wie ein Überschallknall. Zuerst wird die Schallmauer durchbrochen. Dann entsteht das Geräusch.

Wenn da ein Feuer ist und du deine Aufmerksamkeit auf den Rauch richtest, mag der Rauch je nach deiner Wahrnehmung zunehmen oder abnehmen, je nachdem, was du sehen willst. Wenn man sehr auf etwas fixiert ist, erscheint es größer. Wenn du zum Beispiel einschlafen willst und im Badezimmer den Wasserhahn tropfen hörst, ist das Geräusch im Alltag vernachlässigbar, aber wenn du dich auf das Tropfen fixierst, tönt es in deinem Ohr wie Donnerhall.

Es geht darum, sich in den Prozess zu begeben und loszulassen. Die Aufmerksamkeit sollte nicht auf den Klang gerichtet sein, sondern auf das Klären deines Geistes, damit die Energie durch dich fließen kann.

Du magst den Klang der Energie auf verschiedenen Ebenen durch deinen Körper tönen hören, je nach Art der Energie und wo sie hingeht. Das heißt nicht, dass die Energie immer so klingen oder immer einen hörbaren Klang erzeugen wird.

Du hast es bei deiner Arbeit mit *sehr* unterschiedlichen Individuen zu tun. Sie kommen mit ihrem eigenen Klang zu dir — mit dem Klang ihres Lebens gewissermaßen. Wenn sich deine Energie mit ihrer mischt, entsteht aus dem gemeinsamen Fluss dieser Energien ein natürlicher harmonischer Oberton.

In manchen Menschen kann das sehr disharmonisch sein, je nachdem, wo ihre Energie ist und worauf sie eingestimmt ist. Deine Aufgabe ist weniger, dich auf den Klang zu konzentrieren, als dich zu klären, damit die Energie durch dich fließen kann.

Manchmal empfindet ihr, du oder dein Klient, vielleicht auch ein Drücken oder Ziehen. In einigen Klienten gibt es einen Widerstand, wenn Energie in ihr Leben kommt. Viele umgibt eine Art Schutzschild, der sie davor bewahrt, bestimmte Einflüsse in ihr Leben zu lassen.

Wenn du diese Energie zur Verfügung stellst, drückst du gewissermaßen durch eine Wand, um die Person zu erreichen, und die Person spürt den Druck der Energie, die sich in ihre Lebenskraft drängt. Es ist also mehr der *Prozess* als das Ergebnis.

Bei manchen Menschen ist diese Wand sehr durchlässig, weil sie sehr offen sind und mit einem offenen Herzen zu dir kommen. Aber es gibt auch jene, die zwar auf einer körperlichen, oberflächlichen Ebene ihr Leben heilen möchten, die jedoch hinter dieser Fassade des Geheiltwerden-Wollens eine Menge Negativität in sich tragen. Und viele kommen zu dir, die immer noch sehr leiden wollen. Das Leiden ist Teil ihrer Existenz. Deine Kraft fordert sie auf, diese Liebesaffäre mit dem Leiden aufzugeben. Für manche Menschen ist es sehr schwer, das aus ihrem Leben zu entfernen. Denn sie *sind* dieses Leiden.

Manche können nur schwer damit umgehen, dass manche Menschen leiden müssen, um zu lernen. Manche Leute meinen, Leiden sei eine Strafe statt eine Chance.

Aufgrund der Fluktuation deiner inneren Lebenskraft wallen auch deine Energien auf und ab. Diese Kraft muss in deinem Leben noch rhythmischer werden. Du brauchst dich nur selbst auf deine Umgebung und die Menschen, mit denen du arbeitest, einzustimmen.

Deine Kraft ist nur so stark wie die Akzeptanz der Patienten oder Klienten, mit denen du arbeitest. Wenn ihre Türen offen sind, dann wird deine Kraft frei durch dich zu ihnen strömen. Wenn es in ihrem Umfeld – genauer gesagt, in ihrer Aura – Negativität gibt, wirkt sie wie ein Schild und zerstreut deinen Fluss. Er kann diesen sehr realen Schild, der die Person umgibt, dann nicht durchdringen. Deine Energie ist also nur so stark, wie diese Menschen es zulassen. Es gilt dann, sich der Negativität zu widmen, die sie manifestieren, um sich abzuschotten, aber das ist nicht unbedingt deine Aufgabe.

19

WAHRHEIT ERKENNST DU DARAN, DASS SIE IN DEINER SEELE RICHTIG KLINGT

Du kommst in eine andere Art von Energie, und sie wird in deinem Leben immer stärker. Du musst noch an deinem Kontakt mit deinen Klienten arbeiten, du musst ihr Leben hören. Diese Art von Energie, von der du herkommst, dieses *Zuhören,* ist die Art von Energie, die deinen Klienten am meisten helfen wird. Es ist ähnlich wie das Hören einer bestimmten Frequenz. Das Leben schwingt in bestimmten Frequenzen.

Damit du mit ihnen in Kontakt kommst, musst du *dein* Leben auf eine Schwingung hin überprüfen, die ihnen zugänglich ist. Du spürst das, wenn du mit deinen Patienten zusammen bist. Da gibt es einen Zeitpunkt, an dem du spürst, dass die Energie einrastet. Das bedeutet, dass du für dieses Individuum die richtige Schwingungsenergie gefunden hast. Energien sind alle unterschiedlich, weil Individuen unterschiedlich sind. Im Umgang mit deinen Patienten gehört es zu deinem Prozess, *ihre* Lebensenergie zu spüren und dein Leben darauf einzuschwingen, damit es zu dieser Energie Zugang findet.

Wenn die Schwingung nicht passt, wirst du das Leben der Person nicht tiefgreifend berühren können. Ihr Instinkt wird es nicht hören und nicht reagieren. Sie sind alle einzigartige Individuen.

Es geht weniger darum, bewusst die Frequenz zu finden, sondern mehr darum, aus dem Weg zu gehen und zuzulassen, dass die Frequenzen sich aneinander anpassen. Wenn du vor deiner Arbeit mit dem Klienten in Kontakt bist, ist es, wie wenn ein

Orchester sich vor dem Konzert einstimmt: Du erspürst die Energie in eurem Austausch.

Dabei ist deine Fähigkeit wichtig, dein Leben zu öffnen. Das gibt ihnen Vertrauen, *ihr* Leben zu öffnen. Dieser Austausch – und ich kann gar nicht genug betonen, wie *wichtig die Zeit vor* der eigentlichen Arbeit ist – ist entscheidend, weil damit dein Leben und ihr Leben einander begegnen. Du wirst das spüren. Es ist ein aktives Zurücknehmen deiner selbst aus der Situation, damit ihr in Kontakt treten könnt.

Ihr müsst beide bereit und offen für die Heilung sein. Die Türen müssen offen stehen. Es muss auf beiden Seiten eine Bereitschaft da sein.

Erkenne, dass du von einer überwältigenden Menge an Energie umgeben bist, die angetreten ist, um jedem zu helfen, der diese Art von Arbeit wahrnimmt und durchhält.

Um dich herum sind Kräfte, die deine Arbeit unterstützen. Jeder, der diese Art von Arbeit macht, hat ein ganzes geistiges Team, eine riesige Reserve an Energie hinter sich. Da sind sehr reale Kräfte um dich herum am Werk, die dein Unterfangen unterstützen. Du wirst dich daran gewöhnen, sie bei dir zu spüren.

Dein Wunsch, mit jenen Wesen im Raum, die die Heilungen unterstützen, zu kommunizieren, ist verständlich. Es ist gewiss nicht unmöglich, aber es ist nicht notwendig. Denn die Art von nonverbaler Kommunikation, die auf vielen Ebenen erfolgt, ist noch wertvoller als die verbale Kommunikation. Es kommt auf die Art von Energie an, die übertragen wird, während du mit ihnen bist. Das ist die Kommunikation; das ist die Ebene, auf der es weitergehen wird. Es ist nichts, was sich auf Papier schreiben ließe.

Diese Art von Kommunikation ist eine eigene Sprache. Diese Kommunikation zwischen dir und diesen Wesen, die deine Arbeit unterstützen – diesen *Energien,* die deine Arbeit unterstützen –, findet in einer anderen Sprache statt als der, die du verwendest. Sie ist nicht leicht auf deine Ebene zu übersetzen. Sie übersetzt sich leichter in die Art, wie du dich fühlst, wenn sie dir nahe sind. Das ist sehr deutlich. Sie sind jetzt hier. Du kannst sie spüren.

Wenn du diese Art von Kommunikation herstellst, tauchen jene auf, um *dir* zu helfen, mit deiner Arbeit erfolgreich weiterzumachen. Es wird welche geben – vor allem, wenn du den Kanal geöffnet hast –, die der Person erscheinen werden, ohne dass du etwas verbal kommunizieren musst. Sie werden durch deine Energie Kontakt aufnehmen. Sie kommen durch deine Energie zu der Person. Sie sind in dem Fluss, der durch ihre Seele fließt.

Du brauchst nur die Tore zu öffnen, und jene, die durchfließen möchten, werden durchfließen. Das gehört zu dem Energietransport, der da vor sich geht.

Sei geduldig …, sei geduldig. Du wirst einen Weg finden, damit umzugehen. Du wirst einen Weg finden, das in dein Leben zu integrieren. Es wird offenbarer werden, je mehr du damit arbeitest.

Es gibt auf den verschiedensten Ebenen alle möglichen Energien, und du fängst an, diese Ebenen zu durchqueren. Indem du durch die Wand reichst, ziehst du auf verschiedenen Ebenen der Existenz enorme Energiequellen an, die dir gleichzeitig zur Verfügung stehen. Wenn also plötzlich das Licht angeht oder sich die Möbel bewegen, dann erscheinen diese Energien, weil du dein Leben öffnest. Sie verhalten sich ihrem harmlosen Wesen gemäß, um dich wissen zu lassen, dass sie da sind, um dich in deiner Existenz zu unterstützen. Sie sind wie eine Art wundervoller Geist, der deine Existenz anerkennt und dir im Wesentlichen vermittelt, dass du auf deinem Weg bist. Sie sind hier, um dich zu beobachten und dir weiterzuhelfen. Du musst keine Angst vor ihnen haben.

Kommunikation ereignet sich so, wie es sein soll. Die Art von Kommunikation, die zwischen diesen verschiedenen Ebenen stattfindet, existiert nicht auf der verbalen Ebene. Du erhältst die Botschaft mehr über ein Bauchgefühl in deinem Leben. Es ist eher etwas Kinästhetisches, in deinen Muskeln. Es geht direkt in deine Seele. Hinterher hast du mehr. Du bist nicht sicher, *was* genau mehr geworden *ist*. Aber es ist *mehr*.

Lass deinen Verstand aus dem Spiel. Das ist eigentlich alles, was ich dir sagen kann. Ja, es ist echt. Die Kommunikation ist echt, aber du kannst ihr nicht vorauseilen. Solange du sie mit deinem Verstand manipulierst, wird sie nicht rein sein. Vertraue mit deinem Leben darauf, dass du dein Instrument stimmst. Wenn du auf diesem Weg bist, geht es darum, deine Existenz so einzustimmen, dass du die Schwingung derer hörst, mit denen du in Kontakt kommst, um klar zu verstehen, dass ihr auf dieser Ebene der Existenz alle eins seid. Ihr seid alle verbunden.

Wahrheit oder Unwahrheit erkennst du daran, ob es in deiner Seele richtig klingt. Das wird dich nicht täuschen. Wir sagen automatisch: »Jetzt verstehe ich das; das ist wahr – ich spüre, dass das wahr ist.« Solange du dieses Gespür hast, bist du auf dem richtigen Weg.

Lass uns einen Moment über deine Praxis reden. Wenn Patienten oder Klienten anrufen oder kommen, muss die Person, die zuerst mit dem Klienten spricht, auch diesen Moment zu einem wertvollen Augenblick machen. Ihre Rolle ist bei diesem Kontakt sehr, sehr wichtig, vor allem wenn es die erste Stimme ist, die der Patient auf seiner Suche hört. Deine Leute am Empfang können natürlich nicht deine Arbeit ersetzen. Es geht auch nicht um die Anzahl der Leute, es geht nicht um mehr und mehr. Es geht um Qualität – und um die Qualität der Zeit, die man sich nimmt.

Die Leute, die in deiner Praxis anrufen, sind oft verängstigte, verlorene Menschen, für die das die letzte Hoffnung ist. Es ist also sehr wichtig, dass deine Mitarbeiter mitfühlend sind und Ruhe ausstrahlen. Wir haben es hier mit Leuten zu tun, die kurz davor sind, die Hoffnung zu verlieren. Es ist eine *unglaublich* wichtige Arbeit. Es ist ihre letzte Haltestelle. Sie kommen sehr verängstigt. Sie brauchen Zuversicht.

Ob sie dann heilen können oder nicht, hängt von ihrer Fähigkeit ab, ihr Leben zu öffnen. Aber der Empfang bei dir ist enorm wichtig. Deine Mitarbeiter müssen das Mitgefühl mit ihrem ganzen Dasein spüren, mit ihrer ganzen Lebenserfahrung, wenn sie mit den Patienten sprechen.

Wenn dein Patient mit einem Verwandten oder nahen Freund in das Behandlungszimmer kommen möchte, besteht die Gefahr, dass sich die Energien durch die andere Energie, die mit im Raum ist, verwirren. Die Begleiter kommen mit der Gesamtsumme ihrer Existenz, und diese Energie ist nie einfach nur Zaungast. Sie sind nie ein reiner Beobachter. Sie sind sozusagen Teil der Mischung. Und dein direkter Energiefluss von deinem Leben zu der zu heilenden Person hat auch viel mit diesen scheinbaren Beobachtern zu tun. Das kann den Prozess verkomplizieren.

Die Großmutter, die den Patienten begleitet, der Vater, der das Kind hält – auch ihr Wachstum ist Teil des Prozesses. Aber ich würde mich ihnen einzeln widmen. Solange du das Verhalten in der Frequenz noch nicht besser wahrnehmen kannst, würde ich der Musik nicht unbedingt einen weiteren Akkord hinzufügen, denn die Energie der Person umgibt das Kind. Ihre Energie ist in ständigem Kontakt. Sie alle müssen einzeln geheilt werden, nicht nur die Person mit der Krankheit. Diese Lebensverbindungen haben sie zusammengebracht. Deshalb brauchen diese Menschen genauso Heilung wie die Person mit dem scheinbar verkrümmten Bein, mit dem Leben, das scheinbar nicht erblüht – wie immer du es nennen willst.

Was die Fernheilung betrifft, gibt es eine Reihe von Dingen, die bei diesem Prozess mitwirken. Ihr denkt in linearen Begriffen wie Meilen, doch wir sind alle mit derselben Schalttafel verbunden. Der Lebensprozess hier im Raum oder in Chicago hat wenig mit dem aktuellen Kontakt zu tun.

Alle Energie, die ihr manifestiert, kommt aus derselben Quelle. Du gehst also zu der Quelle, und die Quelle berührt die Person. Es geschieht fast simultan. Es kommt nicht darauf an, im selben

Raum zu sein. Du hast schon manchmal an Leute gedacht, und dann haben sie angerufen. Es machte nichts aus, dass die Person gerade in London war. Sie hat die Energie vernommen. Ihr Leben hat die Energie gespürt. Diese Energie ist riesig, noch riesiger als der Ozean. Die Wellen eines in die Santa-Monica-Bucht fallenden Geldstücks wirken sich bis nach Indien aus.

In der Arbeit mit deinen Klienten hast du vielleicht bemerkt, dass deine Hände an einem Ort bleiben können und die Energie weiß, wo sie hinmuss, und da auch hingeht. Was du jetzt tust, ist so ähnlich, wie wenn du Beton in eine Form gießt. Er fließt in die Hohlräume und verteilt sich. Du gießt nicht hier ein bisschen mehr und dort ein bisschen weniger rein. Er füllt selbstständig die ganze Form aus. Ob du nun mit den Händen auf dem Körper oder vom Körper entfernt arbeitest, wird von der Art der Energie bestimmt, die in diesem Augenblick mit diesem Klienten da ist. Das wird sich einfach ergeben.

Wenn sich deine Hände vorwärtsbewegen, tust du das nicht selbst, sondern es geschieht durch die Kraft deiner Energie. Es ist ein instinktives Kräftemuster.

Du entscheidest nicht bewusst, wo du im Raum stehst oder wo deine Hände hingehen. Lass dich von deinem Instinkt leiten. Damit hältst du den zerebralen Denkprozess aus der Heilung heraus.

Sobald du hier anfängst zu manipulieren, wird die Energie verzerrt und verändert. Dein Instinkt wird dir sagen, wo du deine Hände hinlegen sollst. Dein Instinkt wird dir sagen, wo du zu stehen hast. Dein Instinkt wird dich führen. Du hast das schon ganz am Anfang entdeckt.

Dahin sollte dich deine Praxis führen: zur instinktiven Wahrnehmung der Kräfte dieser Menschen.

20

NIMM DIR ZEIT, DICH EINZUSTIMMEN

Wir sind hier, um dir deine Geschichte zu erzählen. Du stehst auf der Schwelle zu einem anderen Energiefeld. Du spürst, dass dein Leben zu einer Art Reife kommt. Du bist in deiner Kraft mit dem DAS-WAS-IST in Einklang. Wir werden dabei sein, wenn es passiert.

Deine Energie ist jetzt in einem anderen Existenzbereich. Sie hat in den Menschen, mit denen du in Kontakt gekommen bist, eine Reihe von Veränderungen ausgelöst.

Deine Kraft verstärkt sich jetzt so sehr, dass sie dir einen anderen Fokus geben wird. Du hast DAS-WAS-IST in deinem Herzen. Du brauchst nur seine Präsenz zu spüren, und du wirst merken, dass eine andere Kraft durch dich fließt.

Dein Charakter bewirkt, dass jene, die mit dir in Kontakt kommen, sich mit deiner Gabe wohlfühlen. Du musst ihre Angst einfach spüren und davon Abstand nehmen.

Der Rest gehört zum natürlichen Prozess, der sich so entfalten wird, wie dein jeweiliger Klient es annimmt. Du bist dann nicht mehr direkt involviert. Du bist jetzt wirklich kurz davor, der Kanal zu sein, der die Kraft ungehindert in das Leben deiner Klienten fließen lässt.

Du wirst das noch umfassender erleben, je mehr dein Energiefeld die Menschen durchdringt, mit denen du in Kontakt kommst.

Manche Menschen sind gegen diese Energie im Widerstand und akzeptieren sie nicht. Du hast das vielleicht schon erlebt. Sie brauchen sich nur ihr eigenes Leben anzuschauen und dort nach ihrem Widerstand gegen die Kraft Ausschau zu halten.

Sie mögen das nicht mit dem Verstand begreifen, doch es geht darum, ihr Leben auf die Hindernisse hin zu untersuchen, die sie errichtet haben und die diese Kraft daran hindern, zu ihnen vorzudringen. Sie verhindern ihre eigene Heilung aus tiefen, komplizierten Gründen. *Diese* gilt es aufzudecken, bevor der Heilungsprozess ihnen bei ihren gesundheitlichen Problemen helfen kann. Du bist hier, um denjenigen zu helfen, die für solche Energien offen sind. Wer sich gegen sie verschließt, muss erst einmal seine Türen öffnen.

Vielleicht machst du dir auch Sorgen über die Menge an Heilungsarbeit, die du tust. Achte darauf, dir im Laufe des Tages Pausen zu gönnen, denn du musst dein eigenes Kraftfeld regenerieren, damit die Energie klar durch dich durchkommen kann. Es wäre klug, wenn du im Laufe des Tages Augenblicke finden könntest, wo du dich von all dem löst, was um dich herum vor sich geht. Nimm dir diese Zeit, seien es fünf Minuten oder zehn, um deinen Geist von den Energien des letzten Patienten zu reinigen.

Die Energie der Patienten ist in deine Arbeit involviert, und du brauchst Ruhe, bevor du zum nächsten weitergehst. Schaffe dir diese Pause, wenn möglich, zwischen allen Patienten; das wäre gut.

Du wirst feststellen, dass du für deinen nächsten Klienten empfänglicher und offener wirst, wenn du dir in dieser Weise Zeit nimmst, dich von der vorigen Lebenskraft zu lösen. Es ist nicht gut für dich, ohne Zeit für Reflexion von einem zum anderen zu gehen. So wirst du mehr Kraft finden.

Dein Kraftfeld, die Gesamtsumme deiner Energie, ist das, was du bist. Wenn diese Energie irgendwie verzerrt, angezapft oder erschöpft wird, kann das Instrument andere Energien nicht mehr so gut hindurchlassen.

Es ist nicht heil. Es ist eine Geige, die verstimmt ist. Die Energie ist der Bogen, der den Klang erzeugt. Wenn die Saiten lose sind, entsteht kein heilender Klang.

Nimm dir also Zeit, dich einzustimmen ..., einfach indem du dich auf den Boden zurückholst und eins wirst mit dir. Du wirst im Laufe des Tages besser darin werden, und wie du feststellen wirst, bist du am Ende des Tages weniger erschöpft. Wenn überhaupt, hast du mehr Energie.

Was die kleinen Pausen zwischen den Klienten betrifft, wirst du mit zunehmender Übung sehr schnell wieder »auf den Boden« kommen. Du brauchst dafür nicht stundenlang.

Du brauchst nur einen Moment lang allein zu sein. Dann gehst du erfrischt und erholt zu deinem nächsten Patienten, ohne den überflüssigen Ballast von der letzten Person.

Wenn du mit Verwaltungsangelegenheiten oder Alltäglichkeiten belastet in den Heilungsraum gehst, dann kümmere dich zunächst um diese Dinge, komme an diesen Punkt zurück und begegne dann deinem Klienten. Das erfordert Übung. Es gibt dazu keine Anleitungen.

Was ist Selbstfindung? Damit dir die Selbstfindung klarer wird, musst du dich selbst finden, dir diese Augenblicke nehmen und es dir gönnen, dich in einem Raum für einen Moment zurückzuziehen und allen Lärm deines Lebens aufzulösen. Erst wenn alles klar ist, würde ich mich in den Energiebereich der nächsten Person begeben.

Wenn dein Leben seinem Weg folgt und sich von Augenblick zu Augenblick offenbart, kannst du diesen Prozess unmöglich beschleunigen. Es ist ein Buch, dessen Seiten umgeblättert werden. Solange du die Seiten umblätterst, machst du alles richtig. Aber es wird dir nicht guttun, schon mal bis zum Ende zu blättern und das letzte Kapitel zu lesen.

21

ES GEHT UM KLÄRUNG,
NICHT UM KOMPLIKATION

Du bist hier, um diese Menschen hier mit deinem Herzen von ihren Schleiern zu befreien. Durch dieses Medium tragen wir dein Leben. Wir sind hier, um eine größere Kraft anzuerkennen, die dein Sein durchdringt. Sie ist hier, um jene Ideen zu offenbaren, die für die, mit denen du in Kontakt kommst, fremd sind. Dein Leben ist DAS-WAS-IST. Es trägt in seiner winzigen Form die gesamte Energie des Universums in sich.

Dein Leben erkennt diese Tatsache und es zeichnet sich dadurch aus, dass es die Anwesenden mit den Kräften in ihrem Leben verbindet, die sie in einen tieferen Zustand bringen. Wir spüren, wie dein Leben DAS-WAS-IST, in dem diese Kraft enthalten ist, anerkennt. Unser Leben ist von unzähligen Energieebenen umgeben. Es gilt, jede individuelle Kraft zu verstehen und ihren Wert in unserem integrierten System komplexer Energien anzuerkennen. Diese Energien bilden einen Wesenszug, der dich trägt.

Deine Energie spürt diese Kraft voll und ganz. Sie lässt zu, dass sich dieses Produkt vor allem durch deine Hände zeigt. Dein Empfinden dieser Energie steht im Kontakt mit jenen Wesen, die dein Leben vorwärtstragen. Du integrierst diese Energie, indem du sie durch dein Sein formst. Das ist ein sehr komplexer Prozess. Er ist seinem Wesen nach nicht einfach.

Du begreifst jetzt die verschiedenen Varianten dieser Kraft, und du musst lernen, die spezifischen Energien auszudifferenzieren, wenn du sie fühlst. Es gibt unzählig viele Energien, und du gehst mit ihnen in gewisser Weise um, als wären sie eine Kraft, obwohl sie eigentlich eine Anzahl sehr unterschiedlicher Arten von Energie sind.

Lerne also, diese Kräfte zu erkennen und damit so sorgfältig umzugehen, wie du kannst. Es geht jetzt für dich um die Feinabstimmung. Du musst die spezifischen Energien spüren, wenn sie durch dich hindurchfließen. Das hilft dem Individuum, mit dem du in Kontakt bist, am besten.

Was für den einen richtig ist, ist nicht unbedingt für alle richtig. Du hast zu einer Vielzahl von diesen Kräften Zugang. Letztlich geht es darum, die für diese Person beste Kraft hervorkommen zu lassen. Sie kommt in deine Seele, in deinen spirituellen Geist. Sie bringt euch auf der Ebene des spirituellen Geistes in Einklang.

Bei bestimmten Leuten fragst du dich manchmal, was du mit ihnen tun sollst. Du brauchst nur ihr spirituelles Leben zu erkennen und diesem zu erlauben, deine Kraft zu lenken. Es wird sich automatisch eine Verbindung einstellen. Und du wirst mehr Kraft spüren. Es ist wie Gleichstrom und Wechselstrom: Sie sind sehr verschieden. Es gibt diejenigen, die mit der einen Art von Kraft operieren. Und andere akzeptieren andere Energien. Du musst deine Fähigkeit verfeinern, um dich mit dem spirituellen Leben der Menschen, mit denen du zu tun hast, zu verbinden.

Du hast in der Vergangenheit experimentiert; jetzt brauchst du nicht unbedingt Experimente, sondern eher eine Befreiung von Vorstellungen darüber, was du tust, und ein Lauschen auf den inneren Rhythmus deines Lebens. Das wird dir sehr viel mehr helfen als vom Kopf geleitete Versuche, ein bestimmtes Energiefeld auf eine andere Person zu projizieren. Es geht um Klärung, nicht um Komplikation.

Dein Leben hat jetzt viel zu bieten. Es kommt in einen Bereich größerer Weite, der es dir ermöglicht, mit jenen Kräften wirklich in Kontakt zu gehen. Und ich spreche dabei von anderen Kräften, die dich in andere Bereiche hinein motivieren werden. Heiße diese Kräfte willkommen, denn sie sind da, um dich zum nächsten Schritt zu bringen, den du noch entdecken wirst.

Es mag Zeiten geben, zu denen du dich sehr verloren fühlst. Nicht im Kontakt mit dir selbst. Du fühlst dich dann vielleicht weniger zentriert und verwirrt. Doch deine Verwirrung gehört zu dem Prozess dazu. Ich will das erklären. Du befindest dich jetzt in einem Übergangsstadium, und du musst Vorbehalte loslassen, weil du damit die Form der Energie, die durch dich hindurchfließt, veränderst. Je mehr du dich von früheren Denkmustern befreist, desto intensiver wird sie.

Wenn du aus einer egozentrischen Haltung heraus sprichst, gilt es, auch das aus dem Weg gehen zu lassen. Konzentriere dich auf die Arbeit. Du brauchst dich nicht auf das zu konzentrieren, was aus der Arbeit hervorgeht.

Anders gesagt: Es geht darum, die Melodie zu spielen, es geht nicht darum, ins Publikum zu schauen. Fühle den Prozess dessen, was du tust, und kümmere dich nicht darum, was dann zu dir zurückkommt, aus der Umgebung, von denjenigen, mit denen du Kontakt hast, all diese Dinge, die dein Ego nähren.

Entferne das Ego aus der Gleichung. Richte deine Energie auf die Verbindung mit der Person, mit der du arbeitest, und nicht auf das Ergebnis oder den Erfolg oder das Versagen in diesem Moment oder auf den Erfolg oder Misserfolg deiner beruflichen Karriere und deinen guten Ruf. Es ist umgekehrt. Manchmal lässt du das in die Gleichung einfließen, und es muss entfernt werden. Es wird sich dir zeigen, aber du solltest dich nicht darauf konzentrieren.

Konzentriere dich auf die Arbeit; konzentriere dich auf die Energie. Lass sie klar durch dich fließen. Der Rest wird sich dann fügen.

Es mag Zeiten geben, zu denen du meinst, die Energie sei verloren. Sie ist nicht verloren, sie wird umgebildet. Ich glaube, du musst verstehen, dass der Prozess eine besonders leichte Form annehmen wird. Es hat viel mit der Verbindung mit der

Person zu tun. Wenn die Verbindung fehlt, wird die Energie blockiert. Sie hat keine Wirkung. Du wirst sie nicht spüren. Es wird keine Verbindung geben.

Diese Heilung beruht auf gegenseitiger Verständigung. Heilender zu sein, zu heilen und Heilung zu wollen. Manchmal kommt eine Person zu dir, und ihre Energie ist schwarz. Manchmal ist sie schwer erschüttert. Manchmal ist sie abgeschirmt, nervös, verängstigt. Erlaube dir, so gut es geht, ihren Zustand zu spüren, ihre Energie zu spüren, wie sie sich dir zeigt. Du musst in diesem Moment frei von Ego sein. Ich meine damit nicht, dass du völlig aus dem Blick verlierst, wer du bist. Sei jedoch frei, zu verstehen, was zu diesem Zeitpunkt in dieser Person körperlich vor sich geht. Es ist fast, als ob du eins wirst mit dieser Person und dich selbst heilst. Du verstehst ihren Schmerz. Du verstehst ihre Angst. Und du fühlst sie. Und dann kommt die Energie durch dich hindurch. Und sie heilt euch beide gleichzeitig.

Es geht darum, so gut du kannst mit der Energie eins zu werden. Du dockst an die Person an und hoffst, dass die Energie umso leichter fließt, je vollständiger du andockst. Um das sehr klar zu tun, musst du dich selbst aus der Gleichung heraushalten. Denn der Energietransfer geschieht auf einer sehr tiefen Ebene, und auch auf einer sehr tiefen unterbewussten Ebene. Denn du heilst auch den Geist. Du heilst nicht nur die physische Form.

Du musst lernen, dein Denken aus der Gleichung herauszuhalten. Das ist Teil der Weiterentwicklung deiner Fähigkeit. Du musst das lernen.

Denn verstehe, diese Gedanken erzeugen Schwingungen. Sie erzeugen wirklich physische Schwingungen. Und die können den Energiefluss stören. Es ist, als ob der Kanal verstopft. Die Gedanken verstopfen deine Energie.

22

ENTHÜLLE DEINE SEELE

Dein Herz kommt hier zu einem tieferen Verständnis deiner Wahrheit. Erkenne, dass der Zustand deines Herzens dir erlaubt, dein umfassenderes Sein darzustellen. Deine Gefühle werden jetzt auf eine andere Ebene gebracht. Deine Energie existiert in dieser Einflusssphäre, die für dein Verständnis einer anderen Einflusssphäre zentral ist.

Du darfst dich selbst auf diese Ebene bringen. Du findest dort mehr Möglichkeiten, die Bedürfnisse derjenigen, mit denen du in Kontakt kommst, zu erkennen. Frustriere dich nicht, indem du Energien zulässt, die in Disharmonie mit deinem Sein sind. Es genügt, zu sagen: Fühle dein Leben und trage seine Kraft in verschiedene und multidimensionale Richtungen.

Dein Gefühl der Unzulänglichkeit scheint von einem tieferen Wertempfinden herzurühren. Erlaube dir, deine Erwartung zu erfüllen und dies voranzutreiben. Dein Frustrationsniveau hat abgenommen, aber du musst zu einer anderen Kraft vordringen, mit der du mehr Einfluss auf deine Fähigkeit hast, in die Seelen derjenigen vorzudringen, mit denen du in Kontakt kommst.

Es gibt viel zu sagen. Wir verstehen uns in verschiedener Hinsicht nur auf begrenzte Weise. Wir müssen dieses Verständnis wie einen Lebensprozess nehmen. Es ist die Offenbarung einer vielseitigen Kraft in unserem Leben. Wir müssen das Äußere abstreifen, damit das innere Wesen zu jenen hin erstrahlt, mit denen wir arbeiten.

Diese ewige Seele, die in uns wohnt, ist durch unsere besorgte Voreingenommenheit vielfältig überlagert. Wir befinden uns in einem Kraftfeld, in Ermangelung eines besseren Verständnisses.

Die Seele kämpft sich da durch, und wir halten sie in Abgeschiedenheit, damit wir uns weiter sicher fühlen können. Vielen erscheint es furchterregend, anderen ihre Seele zu offenbaren. Das ist unser verletzlichster Zustand. Und das ist das, was du in deiner Arbeit tun musst; du musst deine Seele offenbaren.

Es ist kein einfacher Prozess. Das Abstreifen des Ego ist ein ewiger Prozess. Diese Selbstlosigkeit muss durch das ganze Sein leuchten. Sie kann durchdringen, ohne von anderen Energiebereichen oder anderen Geisteshaltungen gestört zu werden. Dein Verstand stört den Prozess. Der Fluss der Offenbarung der Seele, diese Präsentation deiner innersten Energie, dieses reine Licht, ist die Seele in ihrer idealen Form. Wenn diese reine Kraft leuchtet, ohne durch verschiedene Gedankenformen gebrochen zu werden, kann sie direkter fließen und du kannst sie in ihrer ganzen Bandbreite steuern. Denn diese Bandbreite wirkt direkt in das Wesen hinein, mit dem du in Kontakt kommst. Dieses Schwingungsmuster, diese Frequenz, durchdringt diese Person. Wir operieren alle in verschiedenen Schwingungsformen.

Um also wirklich in Kontakt zu gehen, um diese direkte Verbindung zu haben, müssen die Frequenzen passen. Wenn Frustration im Spiel ist, sind die Frequenzen manchmal ein wenig verschoben. Dann entsteht Unruhe in deinem Geist oder in deiner Umgebung. Die Frequenz passt nicht genau zu der der anderen Person. Es ist alles eine Sache der Feinabstimmung.

Wenn du zulässt, dass deine Seele, diese selbstlose Reinheit, durchkommt, entsteht ein gemeinsamer Nenner, der sich automatisch mit der Frequenz der zu heilenden Person verbinden kann.

Deine Aufgabe dabei ist es, die Abwehr abzustreifen; den Verstand abzustreifen; die Kontrollmechanismen abzustreifen; die Techniken abzustreifen, die du auf dieser Ebene hast. Lass sie los! Lass sie Teil eines Äußeren sein, das *nichts* mit dir zu tun hat. Und lass die Seele im Raum präsent sein. Sie wird *automatisch* die Arbeit tun. Diese Energie ist die universelle, gemeinsame Sprache des Kosmos. Sie wird unmittelbar verstanden und gespürt.

Auf diesen Energieebenen repräsentiert das Ego in vielen Fällen die Identität. Es verleiht eine Getrenntheit, eine Form, die wichtig ist, um auf dieser Ebene zu funktionieren. Wir tun uns schwer, das Konzept zu verstehen, dass wir alle eins sind. Wenn wir es verstünden, gäbe es keine Lektionen, die erfahren werden müssen.

Das Ego verleiht uns die Identität, um die Lektionen aus einer bestimmten Sicht zu erfahren. Wir betrachten die Situation sozusagen durch ein ganz bestimmtes Fenster. Der Rahmen dieses Fensters ist unser Ego. Es gibt uns die Form, durch die wir schauen, die ganz spezifische Perspektive *dieses* Aspekts von *diesem* Problem. Das ist so, als ob hier der Horizont ist und dort der Ausblick auf das gesamte Universum. Das Ego wird zu einem Teleskop, durch das wir ganz spezifische Aspekte dieses Universums betrachten. Der Grad der Bewusstheit bestimmt, wie viel durch das Teleskop gesehen werden kann, ob der Blick diffus oder rosarot gefärbt ist oder ob das Licht auf verzerrte Weise gebrochen ist.

Wir üben und arbeiten darauf hin, fähig zu werden, durch dieses Teleskop mit klarem, ungetrübtem Blick auf *diesen* Aspekt dieser Ebene zu schauen. Diese Lektion wird dann durch das Ego, durch dieses Teleskop, durch welches wir auf dieses Ereignis auf dieser Ebene schauen, Teil dieser Erfahrung. Und wir lernen durch dieses Ereignis unsere Lektionen. Das wird dann Teil der größeren Erfahrung.

Das Ego ist also mehr. Es ist ein Vehikel, in dem wir die Identität aus einer ganz bestimmten Sichtweise heraus erfahren.

Letztlich ist es eine Erinnerung an längst Vergangenes. Es ist eine Erinnerung an das, was wir wirklich sind, wovon wir wahrhaft Teil sind. Und das ist Teil der Lektion. Teil der Lektion ist, mit diesem Teleskop geboren zu werden, aber dann durch diese Ereignisse die Weisheit zu gewinnen und zu erkennen, dass das Teleskop allmählich überflüssig wird. Wir können uns im Leben darin üben, ohne dieses Teleskop zu sehen. Dann sehen wir klarer. Aber wir beginnen damit, uns auf bestimmte Dinge zu fokussieren. Letztlich wollen unsere Seelen sehen, den Kosmos sehen, je nachdem, was wir gesehen haben.

Nehmen wir an, in deinem Leben gibt es eine Reihe von Ereignissen, die zu dem Punkt führen, wo du in einer sehr seltsamen Erfahrung siehst, wie jemand stirbt, und du hast keine Ahnung, warum das so geschehen ist – und dann drehst du dich um und siehst etwas anderes, vielleicht eine Hochzeit, vielleicht jemanden, der Zug fährt oder telefoniert, doch du weißt nicht wer, du weißt nicht wo, du weißt nicht warum. Eine Reihe von Begebenheiten, in denen du ohne Kontext bestimmte Dinge durch dein Teleskop siehst.

Schließlich kommt es zu dem Punkt, wo all diese Erfahrungen in der Erkenntnis gipfeln, dass es einen größeren Zusammenhang zu erkennen gibt: *Da gibt es ein größeres Bild, welches ich insgesamt verstehen möchte. In mir gibt es das Bedürfnis, zu verstehen, warum dies, dies und dies. Und das geht nicht mehr mit einer sehr engen Sichtweise, durch diese* Technik. *Ich habe es durch diese Sichtweise erfahren. Aber jetzt muss ich es als Ganzes erfahren, muss es sehen, ohne auf diesen speziellen Bereich meines Lebens begrenzt zu sein.*

Also streben wir danach, den größeren Zusammenhang zu sehen. Dafür müssen wir das Teleskop weglegen und darauf vertrauen, dass wir ihn mit unserer Seele sehen können. Es mag ein wenig kompliziert klingen, aber es beginnt im Mikrokosmos und geht zum Makrokosmos.

Diese begrenzte, teleskopartige Sichtweise wurde uns gegeben, damit wir sie überwinden. Es ist die Fähigkeit, diese Weisheit zu wollen, den größeren Zusammenhang sehen zu wollen. Es ist wie bei einem Hochsprung-Athleten, der weiß, dass er über die Latte muss. Die Latte ist da, damit die Person darüberspringen kann. Sie wird zum Hindernis, und der Sprung darüber wird die Belohnung. Uns ist ein Ego gegeben. Die Belohnung kommt, wenn wir es loslassen und den größeren Zusammenhang erkennen können.

Wir werden nicht mit dem Blick auf den größeren Zusammenhang geboren, weil daraus kein Erfahrungswissen gewonnen werden könnte. Der ganze Prozess hier auf dieser Ebene, besonders auf der Erde, dreht sich darum, das menschliche Mitgefühl zu verstehen, zu verstehen, dass das Leiden eines anderen letztlich unser eigenes Leiden ist. Dass, wenn in einem Land ein Kind schreit, in einem anderen Land jemand deswegen weint. Wir sind so sehr miteinander verbunden. Durch den Prozess des Entdeckens dieser Wahrheit – dass das Leiden eines Menschen das Leiden vieler Menschen ist – entwickeln wir Mitgefühl und Weisheit und tragen sie in unser Leben. Wir müssen den Weg der Erfahrungen gehen, um den größeren Zusammenhang zu sehen. Wenn jedem gleich der größere Zusammenhang klar wäre, wüsste ihn niemand zu schätzen und niemand würde den Prozess verstehen, der dahin führt. Automatische Annehmlichkeiten bringen keinen Gewinn und können nicht geschätzt werden.

Das Im-Moment-Sein ist bedeutsam, weil es zur Akzeptanz und Wertschätzung jener lebenswichtigen Kraft führt, die hier und jetzt da ist. Euch ist eine Energie gegeben, die sich in Fleisch und Blut manifestiert und atmet und lebendig ist.

Es bedeutet, den Mechanismus nicht für selbstverständlich zu nehmen, sondern ihn zu feiern und zu bejubeln. Das ist die *wahre* Garantie dafür, mit einer Art von Erleuchtung auf dieser Ebene zurechtzukommen – dass wir in jedem Moment, den wir erfahren, unglaubliche Freude und Grund zum Feiern erleben können. In *jedem* Moment. Nicht nur in einigen wenigen.

Wir unterscheiden Augenblicke, die wir für großartig und glücklich halten, von Augenblicken, die wir für traurig halten. Wir unterteilen sie als wünschenswerte Erfahrungen und nicht wünschenswerte Erfahrungen.

Doch es gibt keine nicht wünschenswerten Erfahrungen, wenn du deine Seele dem Augenblick öffnest. Denn jede Erfahrung birgt ein Juwel unglaublicher Weisheit – wenn es denn geborgen wird, wenn es denn erkannt wird.

Wir verwerfen das, was wir für nutzloses Material halten, schauen es nicht tiefer an, erkennen das unglaubliche Wissen nicht, das in jeder Erfahrung liegt. Wir sind sehr voreingenommen, und das kommt vom Ego. Es kommt immer darauf an, worauf wir das Teleskop richten, wohin unser Licht strahlt.

Es gibt Millionen von Gründen dafür, warum ein Mensch krank wird. Ich meine, aus physiologischer Sicht könnte man über Energieübertragung sprechen ... Aber die Erfahrung des Leidens ist oft mit jenen verbunden, die dich umgeben. Das gehört zu der Lektion, die bewältigt werden will.

Wenn jemand durch eine sehr einschränkende Krebsattacke geht, wird darin eine Lektion gelernt, eine Lektion, die diese Person speziell für sich ausgewählt hat, als sie auf diese Ebene kam, im vollen Wissen, dass das Teil der Reise sein würde, dass sie das würde durchmachen müssen.

Aber diese Art von Krankheit dient häufig denjenigen, die um diese Person herum sind. Wenn jemand sehr krank ist, gewinnt er oft ein tieferes Verständnis des Selbst, wenn er sich in seiner Krankheit dafür entscheidet. Eine tiefere Wertschätzung der Lebenskraft selbst, die vorher vielleicht als selbstverständlich betrachtet wurde. Eine Neuordnung der Werte, während der Prozess durchlebt wird.

Manche Menschen kommen nie an den Punkt, wo sie allein die Fähigkeit, einen weiteren Atemzug auf dieser Ebene zu atmen, wirklich schätzen lernen. Dass dieser eine Atemzug eine echte Leistung ist, dass es eine Sache von unendlicher Freude und Schönheit ist, das auf dieser Ebene tun zu können.

Es gehört also dazu, dass die Menschen lernen, ihre Natur wertzuschätzen. Außerdem ist es oft so, dass man sich nach der Überwindung einer Krankheit besser fühlt als je zuvor. Es ist wie ein Durchspülen, bei dem alle »schlechte« Energie entfernt wird, eine tiefe Reinigung des Selbst. Was die Energiequelle betrifft, gibt es in den Fasern des Seins Vergiftungen, die ausgespült werden müssen. Sie müssen geläutert werden. Krankheit unterstützt diesen Prozess.

Krankheit hat einen Grund. Es gibt auch Krankheiten, die sozusagen als Empfänger negativer Erfahrungen fungieren und an denen mächtig festgehalten wird. Menschen machen diese negativen Erfahrungen auf dieser Ebene und halten sie dann in ihrem Gewebe fest.

Krebs ist ein herausragendes Beispiel dafür. Dabei haben Menschen in ihrem Leben die Negativität in einer rein physischen Form so manifestiert, dass sie herausgeschnitten werden muss. Das soll nicht heißen, dass jede Person, die Krebs hat, eine negative Person war und an dieser Negativität festgehalten hat. Manchmal geht es auch darum, eine andere Seite eines Problems zu erleben. Aber dann gibt es auch jene Krankheiten, wo Menschen verzweifelt an einer negativen Energie festhalten, die in ihrem Leben geschehen ist und die sie nie losgelassen haben.

Du siehst, der Prozess der Heilung wird sehr kompliziert, weil du es mit einer Unmenge verschiedener Ausdrucksformen zu tun hast, die sich auf dieser Ebene manifestieren. Es gibt nicht nur eine Art von Grund für Krankheit. Manche durchlaufen Lektionen. Manche halten an alten Energien fest. Deine Fähigkeit, deine Natur, deine dir innewohnende Natur, dieses reine Licht der Seele, erkennt und beleuchtet wie mit einem Flutlicht jenen Bereich, den die Leute sehen müssen.

Manche Menschen müssen die Energie loslassen. Manche Menschen gewinnen viel dadurch, dass sie den Wert und das unglaubliche Geschenk des Lebens erkennen. Wenn die tiefe Seele offenbar wird und durchscheint, erkennt sie automatisch die Natur der Krankheit.

In vielen Fällen sind die Männer, Frauen und Kinder, die zu dir kommen, beim Arzt gewesen. Sie haben verschiedene Formen von Therapie und Behandlung hinter sich; sie haben die Schulmedizin ausprobiert. Jetzt sind sie gezwungen, sich dem Spirituellen zuzuwenden. Sie sind dazu gezwungen. Sie haben keine andere Option mehr. Das ist ihre Lektion: auf einer tiefen, unterbewussten Ebene mit ihrem spirituellen Leben in Kontakt zu kommen, diesen Schalter umzulegen. Und ja, es gibt welche, die es kapieren. »Ich verstehe.« Wenn dieses Verstehen, diese Verbindung, geschehen ist, ist die Krankheit nicht mehr notwendig. Sie kann abgelegt werden.

Worte wie *erwünscht, unerwünscht, nützlich, nutzlos, gut, schlecht* sind Funktionen des Ego. Es hat mit unserem Drang zu tun, ein relatives Glück in unser Leben zu holen, relatives Glück versus absolutes Glück.

Bei relativem Glück geht es um »Diese Erfahrung ist besser als jene Erfahrung … Diese Summe Geld ist besser als jene Summe Geld … Dieses Auto ist besser als jenes Auto …«. Menschen streben nach dieser Art von relativem Glück. »Wenn ich mehr habe als die …« Es ist alles relativ.

Vergleiche das mit absolutem Glück – dem von innen, von der Quelle der Seele her kommenden Glück, das erkennt, dass jede Sekunde dieser Erfahrung ihren Wert hat. Dass sie nicht relativ ist zu dem, was zuvor war oder was in Zukunft kommt. Dass sie so, wie sie jetzt existiert, ein Juwel ist.

23

DAS FEIERN DER UNTERSCHIEDE
BRINGT KEINEN FORTSCHRITT

Eric hat offensichtlich eine Fähigkeit, diese Energie irgendwie an andere Leute zu übertragen. Es ist wichtig, zu verstehen, dass es um die dabei kommunizierte und in diesen Leuten angeregte Qualität von Harmonie und Energie geht, die sie dann befähigt, ihre Harmonie mit dem Universum in Einklang zu bringen. Dass es um eine Ausrichtung ihres inneren Lebens geht, ihrer inneren Musik, sie zu hören und sich daran zu erinnern, dass wir alle eins sind.

Die Neigung der Menschen, zu erforschen, wie unähnlich sie sich sind, wie sehr sie sich unterscheiden – das hat alles mit dem Ego zu tun. Mit dem Selbst, das uns in dieser Ebene verwurzelt hält. Wir haben es jetzt geschafft, zu »erschaffen«, dass wir alle verschieden sind. Und mit dieser Verschiedenheit geht Disharmonie einher.

Jetzt gilt es, unsere Energie in unsere Ähnlichkeit zu stecken, wie viel Ähnliches wir haben, was wir miteinander teilen. Wie sehr wir uns gleichen, was Freude und Schmerz und Leiden und Begeisterung betrifft. Diese Informationen müssen wir jetzt miteinander austauschen.

Das Feiern der Unterschiede bringt keinen Fortschritt. Das kennen wir schon.

Wir sind jetzt an dem Punkt der kritischen Masse. Wir sind mit unseren verschiedenen, ausgeprägten Einzelpersönlichkeiten so isoliert, dass wir jemand anderem großen Schaden zufügen können und meinen, Gewinn daraus ziehen zu können.

Ich spreche von Terrorismus; ich spreche von Verbrechen aus Hass ..., alles in dieser Art. Wir denken, wenn wir ein Spiegelbild unserer selbst ausmerzen können, würden wir heiler, vollständiger. Das ist eine sehr verdrehte Sichtweise. Mit den Worten von John Donne: »Deine Stunde hat geschlagen.«

Als Eric das Wiederverbinden von Strings vermittelt wurde, bestand ein Teil dieser Erkenntnis darin, dass wir alle wie durch Nabelschnüre mit derselben Kraft verbunden sind – so, wie Strings miteinander verbunden sind. Denn wir haben diese Verbindung verloren, dieses Verständnis, dass die Größe jedes Individuums auf der Größe des anderen beruht, auf dem Erkennen der Größe des anderen, nicht seiner Unfähigkeit.

Es ist ein Erwachen, ein Erinnern, denn die Menschen sind sehr abgeschnitten von ihrer Schöpfung.

Manche fragen sich vielleicht, warum wir die Erinnerung verloren haben, wenn es doch darum geht, die Erinnerung wiederzuerwecken. Meiner Ansicht nach sind die Menschen im Laufe ihrer jahrhundertelangen Existenz abgewichen; die Schwierigkeit liegt besonders im linearen Denken. Doch es ist ziemlich schwierig hier auf dieser Ebene.

Die Menschen haben sich im Laufe der Zeit und im Laufe von Generationen in diese Ecke manövriert, und es ist so weit gekommen, dass sich jetzt andere Menschen freiwillig melden, hierherzukommen, um sie rückzuverbinden. Auf sich selbst gestellt, hatten sie die Verbindung verloren. Sie hielten sie nicht für wichtig genug.

Jetzt kommen diese »Erleuchteten« (ich mag diesen Begriff nicht) – die Leute, die bereit sind, Kraft und Mühe zu investieren, damit das Volk wieder zu seiner Verbindung mit dem ALLES-WAS-IST erwacht. Das ist jetzt deren Job.

Es kommt einfach darauf an, zu erkennen, dass jeder Kreatur Großes innewohnt. Und dass das Leiden der einen das Leiden aller ist. Dass es jedem möglich ist, glücklich und unabhängig von dem zu sein, was ich als relatives Glück bezeichne – dem

Glück, welches damit zu tun hat, ob man mehr oder weniger hat als ein anderer, was materielle Güter, Attraktivität oder all diese Dinge betrifft, die erschaffen wurden. Das ist eine sehr destruktive Energie. Das absolute Glück, das von innen kommt, entsteht aus dem Erkennen dieser Verbindung – *sie* ist etwas Ewiges. Sie geht nicht auf Kosten anderer. Sie ist die Anerkennung des Lebens selbst. Wenn die Leute diese Erfahrung wieder zulassen, erkennen sie die Freude in allem.

Viele Menschen leben in der Illusion, Wohlstand ermögliche es ihnen, irgendwo ein Glück zu finanzieren. Das bedeutet Wohlstand für sie. »Jetzt kann ich glücklich sein, denn jetzt kann ich das Haus kaufen, das mich glücklich machen wird.« Ich kenne viele einsame Menschen in sehr großen Häusern.

Lass uns deshalb lieber über das Erfahren von Freude reden. Lass uns zum Konzept der *Freude* übergehen. Die Menschen müssen Vorstellungen von Wohlstand im Sinne von »Oh, ich fürchte mich davor, wirklich erfolgreich zu sein, denn ich verdiene es nicht« aufgeben. Das geht alles mit Selbstwertthemen durcheinander.

Wir wurden auf diesen Planeten gebracht, um Freude zu erfahren. Um die Schönheit, die Tiefe und die Aufregung der Lebenserfahrung zu begreifen. Um sie wirklich zu verkörpern, uns ihrer zu erfreuen und dabei Mitgefühl mit anderen zu entwickeln. Punktum.

Wir verknüpfen das Wort *Wohlstand* nicht mit der Freude an dieser Existenz. Das sind zwei getrennte Themen: Wohlstand und Freude. Freude hat keinen Preis. Du kannst – wenn du den Schlüssel in deinem Leben hast – auf dieser Ebene, in dieser Existenz, in diesem Augenblick so glücklich sein, wie du je in deinem ganzen Leben sein wirst, falls du dich dafür entscheidest. Falls du dich dafür entscheidest. Du kannst heute glücklicher sein, als du je sein wirst, falls du dich dafür entscheidest.

Das Problem ist: Wir suchen an den falschen Orten nach dem, was wir für Freude halten, und haben andere Konzepte dahingehend übernommen, wie Freude unserer Meinung nach erfahren wird. Oder wir misstrauen der Freude, die wir erfahren, und halten sie für ungültig und für sozial minderwertig. Die Quintessenz ist: Freude existiert und ereignet sich in dir und kann in jeder Sekunde deines Seins Teil deines Lichts sein, wenn du dich dafür entscheidest, so zu leben. Und wenn du sie erlebst, wird sich alles andere ergeben. Du brauchst dich um nichts zu sorgen. Alles wird sich für dich fügen, weil du dieses helle Licht wirst. Die Leute werden bei dir sein wollen.

Was du tust, deine Mission, trägt dazu bei, anderen Türen zu öffnen. Du hilfst ihnen, das Potenzial zu sehen. Ob sie dann durchtreten oder nicht, ist ihre Entscheidung, ihr Weg, ihre Mission. Sie kommen zu dir, um eine Alternative zu finden. Du zeigst sie ihnen. Ob sie durch die Tür gehen, ist ganz ihr eigener Weg – falls sie es akzeptieren können.

Wir haben alle die Fähigkeit, uns selbst zu heilen. Wir verfügen alle über diese Energie. Wir sind alle Teil von alledem. Du erinnerst sie daran. Du zeigst es ihnen. Du hilfst ihnen beim Start. Ob sie dann weitermachen oder nicht, hängt davon ab, wie stark der Schild ist, mit dem sie ihr Leben umgeben. Du wirst mit Sicherheit Leute sehen, die komplett verschlossen sind. Du sagst ihnen: »Schaut her. Hier ist ein offener Spalt mit Potenzial. Wollt ihr da mit mir durchgehen? Ich helfe euch dabei.«

Manche werden »Ja« sagen und andere werden sagen: »Ich spüre nichts«, weil sie es nicht zulassen können. Aber du hast es eingebracht. Sie werden Teil davon sein. Sie spüren es. Ob sie es zugeben oder nicht. Es wird sie begleiten. Diese Übertragung, die du ihnen gibst, ist sehr real. Sie nehmen das mit. Ob sie das in einer Stunde verarbeiten oder irgendwann in der Zukunft, ist ihre Sache. Das ist ihr Weg.

Du sagst zu ihnen: »Du bist DAS-WAS-IST; du hast dieses Potenzial. Schau, diese Energie, die durch mich zu dir kommt, ist bereits in deinem Leben. Willst du sie aktivieren? Ich kann dir helfen, sie zu aktivieren.«

Deine durch sie fließende Energie aktiviert *ihre* Lebenskraft. Sie wirft ein Licht in die dunklen Ecken *ihres* Lebens. Sie erhellt ihre Existenz. Ob sie das verstehen und akzeptieren können, liegt bei ihnen. Du bringst das in ihr Feld, und wenn sie die Größe erkennen wollen, die in ihnen liegt – und manche wollen das nicht –, werden sie sich dem irgendwann zuwenden müssen. Du ermöglichst es ihnen, heil zu werden. Und du kannst ihnen bei ihrer Heilung helfen. *Wollen* sie geheilt werden? Dafür müssen sie durch ihren eigenen Prozess gehen.

Sie müssen sich dem auf die eine oder andere Art widmen, denn es existiert, sie spüren das. »Fühle ich mich mit diesem Gefühl wohl? Fühle ich mich unwohl? Will ich wirklich da bleiben, wo ich bin? Will ich vorwärtsgehen?« Plötzlich müssen sie sich mit einer ganzen Reihe von Fragen auseinandersetzen, denn es gibt viele Leute, die sich mit ihrer Krankheit ganz gut arrangiert haben. Sie nährt sie auf merkwürdige, negative Art. Sie erhalten durch ihre Krankheit oft viel Akzeptanz und Zuwendung. Sie haben sich daran gewöhnt, von dieser negativen Energie – einer Krankheit, einer einschränkenden Krankheit – Zuwendung und Selbstwert zu bekommen, und du forderst sie auf, das, genau das loszulassen und durch eine positivere Kraft zu ersetzen.

Wie bei jeder Art von Wachstum gelangst auch du in deinem Leben auf unterschiedlichen Ebenen an einen Punkt, wo du nur ein gewisses Maß bewältigen und verarbeiten kannst. Das geht so weiter, bis du diese Ebene überwindest und auf eine höhere Ebene gelangst.

Herausforderungen sind nur dazu da, dass jemand in seinem Leben die Wahrheit erfahren kann. Sie sind Teil seines Prozesses: sie zu überwinden, weiterzumachen, zu überwinden, weiterzumachen. Ohne diese Herausforderung gäbe es kein Streben.

Die Herausforderung gibt ihnen Grund, ihr Leben zu öffnen. Sie ist *nicht* die Antwort oder das Ende. Sie bringt den Prozess weiter. Die Leute meinen, das komme durch die Herausforderung, aber es geschieht, weil sie ihr Leben öffnen und große Informationen in ihr Leben fließen.

Es ist sehr schwierig. Letztlich sind alle deine Klienten, die zu dir kommen – mit ihren Krankheiten, ihren Missbildungen, ihren Herausforderungen –, nur um ihres Wachstums willen da. Diese Dinge sind der Grund, warum sich die Tür öffnet. Diese Erfahrung ist für sie auf vielen Ebenen ein großes Glück, auch wenn sie das nicht erkennen können, denn dadurch können sie eine tiefere Lebenskraft spüren.

Spüre deine Lebenskraft und versuche nicht, sie infrage zu stellen. Vertraue deinem Instinkt. Er ist die Summe deiner ganzen Existenz. Er enthält eine enorme Bibliothek an Informationen.

Wir schotten uns gegen diese Informationsfülle ab, wenn wir uns den Zugang zu dieser Bibliothek versagen. Dein Instinkt verkörpert die gesamte Existenz, die ganze Arbeit, und bringt sie in diesen *einen* Augenblick. Dahin durchzudringen und durch diese Öffnung die Kraft entstehen zu lassen, wird die Existenz verändern ..., wird Leben verändern.

24

LEGE DEINE DEFINITION VON ERFOLG
NICHT FEST

Ich verwende manchmal Worte wie *gut, schlecht, besser, schlechter, nützlich, nutzlos, positiv* und *negativ,* weil sie das Lexikon dieser Ebene sind. Diese Worte sind Teil dieser Erfahrung. Ich verwende sie, um kommunizieren, die richtigen Worte finden zu können …

Es gibt keine guten und schlechten Heilsitzungen. Es geht mehr um deine vorgefassten Ziele. Es hat damit zu tun, ob du deine Ziele erreicht hast oder nicht. Dann wird es relativ.

Anders gesagt: Du stülpst der Sitzung von deinem teleskopischen Standpunkt aus ein bestimmtes Ziel über, wie zum Beispiel: »Am Ende dieser Sitzung kann diese Person gehen.« Und wenn die Person am Ende nicht gehen kann, war es eine schlechte Sitzung. Aus der teleskopischen Sicht auf dein Ziel bist du nicht da gelandet, wo du am Anfang der Sitzung hinwolltest.

Aber betrachten wir es einmal so: Vielleicht wurde eine andere Art von Erkenntnis gewonnen, die mit dem Ziel, das du gesetzt hast, nichts zu tun hat. Aus *dieser* Sicht war es eine *gute* Sitzung, denn ein anderes Ziel wurde erreicht.

Wenn die Lektion nicht abgeschlossen wird, heißt das nicht, dass es eine schlechte Erfahrung war. Vielleicht muss die Person einfach noch mehr Verständnis für die tieferen Wirkmechanismen dieser Ebene entwickeln. Vielleicht muss sie noch tiefer graben. Vielleicht muss sie noch mehr erforschen. Gut für sie! Denn jetzt wird sie ihre Reise noch entschiedener angehen. Das wird ihren Charakter stärken und sie insgesamt noch stärker machen.

In diesem Sinne gibt es also keine schlechten Sitzungen. Es gibt Sitzungen, die im Sinne dessen, was du am Anfang festgelegt hast, nicht erfolgreich sind.

Wenn von dir am Anfang der Sitzung Erfolg so definiert wird, dass am Ende der Sitzung »dies« geschehen soll, dann gibst du dir definitionsgemäß Raum für den Gedanken, versagt zu haben, wenn es nicht so kommt, weil du vorherbestimmt hast, was der Erfolg ist. So funktioniert es nicht immer. Du kannst Erfolg nicht so spezifizieren.

Es kommt also darauf an, deine Definition dessen, was Erfolg ist, nicht festzulegen.

Was ist Erfolg? Die Leute kommen mit bestimmten Beschwerden zu dir. Ihr Anliegen hängt dabei auch davon ab, welche Prozesse sie durchlaufen haben. Die Krankheit kann verschwinden. Es kann viele Prozesse geben. Vielleicht müssen sie sich vor dieser Sitzung viel anschauen. Vielleicht sind sie am Ende der Sitzung nicht die Krankheit los, mit der sie zu dir gekommen sind, haben aber ein Gespür dafür erlangt, wo sie hinmüssen, was es für sie zu tun gilt, denn letztlich heilt sich jeder selbst. Deine Energie bildet eine Art Starthilfe für diesen Prozess. Sie beleuchtet, wo es für die Person hingeht.

Manche Menschen werden nicht fähig sein, in dieses Licht zu schauen. Manche Menschen wollen nicht sehen, was sie zu tun haben. Sie lehnen es ab, schneiden Grimassen und sagen: »Nein, da will ich nicht hin.«

Der Heilungsprozess beruht auf einem wechselseitigen Verständnis, das ihr beide gewinnt.

Du strahlst das Licht aus; ob der andere bereit ist, es anzunehmen oder zu sehen oder sich auf den Prozess einzulassen, der dahin führt, dass er seine Krücken fallen lassen und frei gehen kann, liegt voll und ganz bei ihm selbst.

Du kannst nur leuchten. Du kannst es nur aufzeigen. Ob die Person bereit ist, geheilt zu werden, ob sie die Lektion gelernt hat, die mit dieser Krankheit verbunden ist, liegt ganz bei ihr ..., und manche wollen es nicht sofort lernen. Das ist keine Bewertung. Es bedeutet, dass die Person tiefere Erfahrungen braucht. Sie muss noch mehr kämpfen. Sie muss vielleicht noch mehr leiden, bevor sie an den Punkt kommt, an dem sie sagt: »Okay, jetzt bin ich bereit, mich darauf einzulassen.«

Manche Leute lassen sich im Moment des Sterbens darauf ein. Und sie erfahren im Augenblick ihres letzten Atemzugs große Erleuchtung. In diesem Moment ist ihr Leben gelungen, und sie haben die Lektion gelernt.

Selbst im Tod, selbst in diesem Prozess kann also große Weisheit und Freude gewonnen werden.

Dann reinkarnieren wir. Und lernen weiter.

25

DAS WICHTIGE IST,
IN BEWEGUNG ZU SEIN

Wir spüren, wie dein Herz dein Leben durchdringt. Wir erkennen deine Integrität, und wir werden Teil sein von DAS-WAS-IST. Wir verstehen dein Bedürfnis, mit jenen in Verbindung zu treten, die mit deiner Kraft in Kontakt sind. Sie leben in dem Umfeld, das sie für das Verständnis ihres größeren Selbst benötigen. Deine Gefühle für sie sind immer feiner abgestimmt. Du hast einen Weg gefunden, in ihr jeweiliges Leben durchzudringen, den es bislang noch nicht gab.

Je mehr du mit deiner Arbeit weitermachst, desto besser wird es dir gelingen, die Kraft in spezifische Bereiche zu lenken. Dieser Kanal und die Art, wie die Kraft eingesetzt wird, richten sich immer deutlicher aus. Die Kraft wird nicht mehr durch das ganze Wesen fließen, sondern ganz direkt auf bestimmte Punkte wirken. Durch diesen intensiven Fokus kann die Lebenskraft des Empfängers besser für den Heilungsprozess genutzt werden.

Richte dich also genauer auf ihr Kraftfeld aus. So werden jene Bereiche heilen, wo ihre Ganzheit Lücken aufweist. Du musst diese Bereiche erkennen. Bei vielen Menschen versickert die Energie auf eine merkwürdige, diffuse Weise. Und du solltest fähig sein, diese Stellen zu versiegeln.

Um jeden Menschen herum gibt es eine sehr unsichtbare Hülle – eine äußere, zweite Körperhülle. Diese versuchst du zu vervollständigen.

Es gibt eine Existenzebene, das Greifbare, und dann gibt es das Energiefeld, welches diese Ebene umgibt. Dieses Energiefeld hat eine definierte Form. In manchen Bereichen ist dieses Feld nicht heil, es hat sich geöffnet und lässt Energie heraussickern. Du kannst diese Bereiche, wo eine Schwäche zu sein scheint, finden, fast wie eine Delle oder Einbuchtung.

Wenn du mit deinen Händen dieses scheinbar Feste entlangfährst, was du im Kraftfeld einer Person vorfindest, dann bemerkst du Bereiche, wo es ganz schwach wird, sich fast wie dicke Suppe anfühlt, durch die du hindurchgreifen kannst.

Das ist ein Prozess deines Lernens. Du musst diese Bereiche der Schwäche finden. Du musst an dem Prozess teilnehmen.

Es wird ganz instinktiv werden. Den Bereich zu finden, wo es im Innenleben des Patienten eine Schwäche gibt. Es wird immer fokussierter werden. Und du wirst fähig werden, diese Energie zu fokussieren. Sie zu spüren. Was ihre ganz greifbare Ausrichtung betrifft.

Das ist nicht unbedingt eine bewusste Angelegenheit. Du wirst das instinktiv spüren. Während du mit dem Patienten arbeitest, spürst du seinen Zustand. Du wirst die Bereiche finden, die etwas brauchen. Deine Hände werden da hingezogen werden. Du wirst das spüren. Es ist also keine Frage von »Wie werde ich das spüren? Spüre ich das wirklich?«. Lass deine Hände einfach der Form folgen. Wenn sie innehalten, sollen sie da innehalten. Du wirst das spüren.

Ich möchte hier noch eine kleine Anmerkung machen. Manchmal kommt ein Patient mit einer Krankheit, die einen ganz bestimmten Ort hat. Das muss nicht immer der Platz sein, wo du deine Hände hinlegst. Eine Beschwerde am Fuß wird möglicherweise im Oberkörper geheilt. Wenn jemand also über Schmerzen im Knöchel klagt, brauchst du nicht zu denken, du müsstest jetzt deine Hände dorthin legen.

Und manchmal hören die Leute auf negative Worte, die in ihrem Hinterkopf ablaufen. Diese Worte sind nicht ihre eigenen; es sind die Worte anderer. Du hörst ihre Resonanz. Es kann sehr hektisch und verworren werden, und die Person erstarrt. Sie hört auf, sich zu bewegen. Sie hält auf dem Weg an, auf dem es für sie weitergeht. Sie erstarrt. Sie fängt an, auf die Energie zu hören, die sie in eine andere Richtung leitet. Das ist sehr negativ.

Du gehst die Spirale entweder hoch oder runter. Du gehst entweder vorwärts oder rückwärts. Solange du weiter vorwärtsgehst, bewegst du dich in eine Richtung, die dir Erleuchtung sichert.

Doch sobald du anhältst, wirst du zum Opfer. Sobald du anhältst. Da entstehen die Probleme. Da geraten die Leute in viele Konflikte. Sie halten plötzlich inne und hören auf diese Stimmen, oder sie halten inne und fangen an zu zweifeln. »Bin ich auf dem richtigen Weg?« Es macht eigentlich keinen Unterschied.

Das Wichtige ist, sich zu bewegen, vorwärtszugehen, auf das Licht zuzugehen. Wenn du anhältst, bist du allen möglichen äußeren Energien gegenüber verletzlich, die dich in andere Richtungen zerren, die Spirale hinab.

Was das Universum betrifft, ist Licht der Anfang und das Ende. Es ist ALLES-WAS-IST. Es ist das, was uns alle nährt. Woher wir unsere Erkenntnisse gewinnen. Unser Lebenssaft. Woher wir kommen und wohin wir zurückkehren. Wir sind eins. Wir sind alle eins. Wir sind alle dasselbe Wesen.

Es gibt Kräfte im Universum, die sich zusammentun, um zu erleuchten und vorwärtszubringen. Sie manifestieren sich so, wie es für den Einzelnen am zugänglichsten ist. Wenn jemand glaubt, da wäre ein Engel, der ihm hilft, dann manifestieren sich diese Kräfte auf die Weise, die für diesen Menschen akzeptabel ist.

Es kommt auf die Empfänglichkeit der Person an. Die Kräfte, die existieren – jene Wesen, die dich umgeben, überwältigende Mengen an Kräften, die dich in deiner Arbeit umgeben –, sind alle eins. Es gibt keine Hierarchie. Es gibt keine Sergeanten und Leutnants. Es gibt nicht diejenigen mit bestimmten Zielen, es gibt nicht welche mit Flügeln und andere ohne Flügel.

Es gibt keine Wesen, die als Geistführer dienen. Es gibt Kräfte, die zusammenkommen, um dem Individuum bei seiner Mission zu helfen. Diese Kräfte sind schon seit aller Ewigkeit bei dir. Sie manifestieren sich. Manche haben sich in Formen manifestiert, die für die Person leicht zuzuordnen sind ..., die die Person erkennt.

Wenn jemand in der Klemme steckt und einen Engel sehen muss, um ihm da durchzuhelfen, um ihm über die nächste Hürde zu helfen, dann wird der Engel erscheinen, weil die Person die Information so annehmen kann.

Es dreht sich alles um Manifestation; es dreht sich alles darum, was manifestiert wird. Die Personifizierung des Geistigen, der Energie, die euch umgibt. Sie erscheint in der Art, die am leichtesten zugänglich ist. Die Energie findet den besten Weg und entscheidet sich, sich so zu manifestieren. Diese Entscheidung hängt mit der Empfänglichkeit des Individuums zusammen, mit dem, was für die Person annehmbar ist.

Es geht um Energie. Es geht nicht um Individuen. Diese Energie kommt aus dem Licht, sie ist allwissend und verstehend. Es geht nicht um Persönlichkeit. Die Kräfte werden persönlich, damit die Menschen sie erkennen und annehmen können.

26

VERBINDE DICH ZURÜCK
ZUR GRÖSSEREN MACHT DESSEN, WAS IST

Wir spüren deine Energie. Wir spüren, wie sich die Energie ihren Weg bahnt. Wir verstehen, wo wir sind. Wir sind Zeugen eines größeren Kraftstroms. Wir beziehen uns auf die Kraft, die durch dieses Wesen fällt. Wir würdigen die Leistung dieses Wesens, wie es uns hilft, den Kräften standzuhalten, die die Energien erhellen, die Teil von uns allen sind.

Wenn deine Energie mit dem DAS-WAS-IST in Wechselwirkung tritt, fokussiert sich dein Leben. Es verstärkt automatisch seine Kraft auf eine Art, die für das jeweilige Publikum Bedeutung hat.

Wir spüren, dass diese Kraft eine große Bandbreite von Energien erkennen wird, dass sie sich in einen größeren Sinnzusammenhang stellt. Dieser Sinn, diese Botschaft, ist für die Zukunft dieser Ebene essenziell wichtig.

Es gibt in den Kraftfeldern deutliche Störungen. Und jetzt stellt sich die Frage, wie sich diese Kräfte harmonisieren können, damit es Besserung gibt. Dieser Prozess dieser miteinander im Konflikt liegenden Ebenen erzeugt in allen seismischen Feldern und räumlichen Beziehungen mit der Umwelt Störungen. Ihr befindet euch jetzt im Konflikt, und es wird noch lange so weitergehen, bis es zu einer Lösung kommt. Es nähert sich einer Art kritischer Masse, und wenn diese erreicht wird, wird viel Energie freigesetzt werden. Ein enormes Kraftfeld, welches in dieses Umfeld hinein explodiert. Es wird eins mit sich werden. Aber jetzt ist es uneins, es befindet sich im Konflikt.

Dieser Konflikt ruft merkwürdige Energieformen, Wetterphänomene und Störungen natürlicher Prozesse hervor, in denen sich der Einfluss dieser Energie zeigt. Das wird sich mit dem Freisetzen dieser großen Kraft ändern. Es wird für viele Menschen eine Zeit lang schwierig sein, ihr eigenes Empfindungsvermögen mit dieser größeren Kraft in Einklang zu bringen.

Bis dahin gibt es große Konflikte. Diese Konflikte können einige Jahre andauern, bis es zu einer Lösung kommt. Doch es geht darum, den Sturm zu überstehen. All jene, die in dieser Ebene sind, bereiten sich spirituell auf den bevorstehenden spirituellen Sturm vor. Sie wappnen sich, um zu tieferem Verständnis zu gelangen. Diese Vorbereitungen sind wichtig, um diese Zeit durchzustehen. Wer sich nicht um diese spirituelle Wetterkarte bemüht, wird diese Zeit nicht überstehen können. Er wird am Wegesrand zurückbleiben und zu einem anderen Zeitpunkt wieder inkarnieren. Es ist eine unglaubliche Zeit von Versuch und Irrtum, von Versuch und Überleben. Diejenigen Wesen, die diese Art von kosmischer Waschanlage überstehen, werden gestärkt daraus hervorgehen. Sie werden als sehr viel größere Menschen daraus hervorgehen, und ihre Stimme wird überall im Land gehört werden. Es bedarf jedoch des Konflikts, damit das entstehen kann.

Das alles hat große Dringlichkeit. Das muss verstanden werden. Wir haben nur wenig Zeit, um uns auf das, was kommt, vorzubereiten. Es gilt also, viel Kraft in diese Entwicklung des spirituellen Selbst zu legen, wenn wir aus den kommenden Erfahrungen erleuchtet hervorgehen wollen.

Es ist wie ein Wanderweg, für den man einen Kompass braucht. Ohne Kompass wirst du dich verirren. Diese spirituelle Suche bildet den Kompass, mit dem du deinen Weg findest und der dir Zugang zu dem Wissen verschafft, welches mit dem Weg verbunden ist. Mit anderen Worten: Du musst Französisch verstehen, um Französisch lesen zu können. Ohne das Bemühen um Verstehen – das Erlernen der Sprache – wird dir das

Französische, wenn du es dann vor dir hast, nichts bedeuten. Dieses Wissen wird erscheinen, aber es wird dir nur nützlich sein, wenn du verstehst, darauf zuzugreifen.

Die Vorbereitung besteht darin, spirituellen Wegen zu folgen und zu erkennen, dass sie nicht nur eine nette Nebenbeschäftigung sind, nicht nur Gesprächsthemen für Cocktail-Partys bieten, sondern dass sie so überlebenswichtig sind wie Wasser. So wichtig muss das werden. Auch hier gilt: Du kannst niemanden zwingen, Wasser zu trinken. Aber es gilt, zu verstehen, dass eine Dürre kommt. Es ist egal, welchen Weg du wählst. Wichtig ist, auf dem Weg zu sein, denn damit wirst du automatisch versuchen, Türen zu öffnen. Dieser Prozess des Türen-Öffnens öffnet dein Leben für die Erfahrung der anderen Ebene. Du öffnest dich für andere Möglichkeiten. Wenn du die Tür schließt, wirst du nie sehen, was dahinter vor sich geht.

Es ist wichtig, zu verstehen, dass jeder spirituelle Weg die Türen öffnet und dir Zugang zu dem verschafft, was kommt. Doch du musst dich in den Prozess des Türen-Öffnens begeben. Versuche machen uns stärker.

Was das Mitgefühl mit unserem Leben betrifft: Dieses Leben soll nicht unbedingt leicht sein. Wenn es leicht wäre, gäbe es nichts, woran man wachsen könnte.

Ich will damit nicht sagen, dass du leiden wirst. Du bist nicht hier, um zu leiden, du bist hier, um Freude zu haben. Doch der Prozess des Lernens, wie du dich erfreuen kannst, das ist das Wichtige. Dass du nicht hier bist, um zum Opfer der Ereignisse zu werden, sondern dich ihrer erfreust, wie auch immer sie sich zeigen. Es können die verschiedensten Erfahrungen sein. Manche Dinge, die negativ erscheinen, enthalten Juwelen großer Erleuchtung.

Es kommen Veränderungen auf uns zu, die für manche nicht unbedingt angenehm sein werden. Ich kann euch davor nicht bewahren. Es klingeln also die Alarmglocken. Ein Bewusstseinswandel, denn letztlich haben wir uns vom Universum getrennt. Und jetzt zieht uns das Universum wieder zurück, als ob es sagt: »*Hört zu, ihr seid Teil des großen Ganzen.*«

Ihr müsst erkennen, dass ihr nicht länger leugnen könnt, Teil des ganzen Kosmos zu sein. Ihr funktioniert nicht isoliert. Doch irgendwie sind wir in dieser Ebene, zu dieser Zeit, vom Weg abgekommen und haben uns von den Rhythmen, die uns alle durchströmen, weit entfernt.

Der Rhythmus wird lauter werden, Ihr werdet gezwungen werden, ihn zu hören. Und jene, die sich die Ohren zuhalten und die Augen schließen, ja, sie werden zurückkommen müssen, um erneut zu versuchen, diesen Prozess zu begreifen, Teil eines größeren Rhythmus zu sein.

Das Ego ist in vieler Hinsicht von wesentlicher Bedeutung ... und gleichzeitig zerstörerisch. Es ist ein Paradox. Es geht darum, darin eine Balance zu finden. Wir neigen dazu, uns so weit zu individualisieren, dass wir uns ganz von dem ALLES-WAS-IST trennen, und werden in diesem Zuge zerstörerisch. Da ist eine Balance erforderlich.

Bei diesen Ereignissen, über die ich spreche, in diesen Zeiten, die kommen werden, wird es in manchen Bereichen eine Art Leiden geben. Doch das ist Teil der Funktionsweise des ganzen Prozesses. Ich weiß, das klingt widersprüchlich, aber so ist es.

In Wahrheit wird es kein Trauma geben, wenn ihr die Lektionen lernt. Du wirst das verstehen. Darum geht es bei der ganzen Sache. Es kommt ganz darauf an, wie es interpretiert wird, anstatt sich zum Opfer zu machen.

Die größte Lektion dabei ist, dass es etwas sehr Individuelles ist. Nochmals: Es geht nicht darum, zu sagen: »Also gut, Leute, kommt jetzt alle her zu mir, ich teile euch jetzt diese Seelennahrung zu.« Darum geht es nicht.

Es geht darum, deine Verbindung zu erkennen. Deine Verbindung mit dem Unendlichen, zum ALLES-WAS-IST. Das zu erinnern, das zu erkennen. Alle Antworten sind bereits da. Alle Lektionen, die du zu lernen hast, hast du auf der einen oder anderen Ebene bereits gelernt. Sie sind alle Bestandteile dieses Pakets. Denn wenn du Teil des Unendlichen bist, bist du auch Teil der unendlichen Weisheit. Du hast dazu Zugang. Jetzt hast du all die Antworten, die du je brauchen wirst.

Es geht darum, dazu Zugang zu gewinnen, diese Verbindung zu verfeinern. Und das beginnt mit dem Öffnen von Türen, mit dem Ausschauhalten, ohne abzuschweifen und sich ablenken zu lassen. Das wird dann sehr individuell. Die eine Person hat einen ganz anderen Weg, die Türen zu öffnen, als eine andere. Es gibt da nicht nur einen Weg. Und es gibt nicht den einen Rat, den ich euch geben kann, um zu verhüten, was auf euch zukommt.

Für manche Menschen ist es wichtig, das Kommende zu erleben. Es wird sie zwingen, damit umzugehen – deswegen taucht es auf. Es gibt in den Energien auf dieser Ebene zurzeit eine große Disharmonie. Sie bekämpfen einander, versuchen, einen Ausgleich zu bilden. Versuchen, es sich bequem zu machen. Mit diesem Prozess, mit diesem Aufruhr gehen große Veränderungen einher.

Ein großer Wandel ist im Kommen. Ein letztlich wundervoller Wandel. Wie eine Renaissance, eine Wiedergeburt. Und in dieser Wiedergeburt, in dieser Neuausrichtung der Kräfte, gibt es viel Schmerz.

Wenn eine Frau ein Kind gebärt, gibt es viel Schmerz, und dann ist da Leben. Es erwächst aus dem Trauma, der Phönix erhebt sich aus der Asche. Dies ist Teil des ganzen Zyklus von Leben und Tod.

Leiden ist nicht unbedingt etwas, das es zu vermeiden gilt. Aus der richtigen Perspektive betrachtet ist es ungeheuer förderlich. Auf unseren spirituellen Wegen üben wir uns darin, dieses Leiden aus einer erleuchteten Perspektive zu sehen, um zu erkennen, wie es unser Wachstum im Universum erweitern wird. Dann wird es essenziell; dann wird es erfüllend. Für die gesamte Erfahrung.

Manche Leute werden das ohne Trauma nie hören. Andere schon. Und wieder andere werden es so interpretieren, dass es sie auf ihrem Weg vorwärtsbringt.

Ich bestehe darauf, dass die Leute sich auf den Weg machen. Mache dich auf den Weg. Wenn diese Ereignisse stattfinden – diese verschiedenen Begebenheiten –, wird es dich vorwärtstreiben. Du wirst lernen, sie zu nutzen. Aber du musst auf dem Weg sein. Sonst hast du keine Richtung.

Die Schmerzen der Geburt haben einen Zweck. Und die Energiekraft, die durchkommt, hat einen Zweck. Dieses Energiefeld, welches eindringt und lebendig wird, braucht einen Raum, um auf die Umgebung zu wirken. Dieser Prozess ist wie das Durchbrechen der Schallmauer. Diese Energiekraft wirkt gegen die Elemente, um eine neue Manifestation dieser bestimmten Energieform zu ermöglichen.

Als Eva den Apfel aß, geschah das Wundervollste überhaupt. Hätte sie es nicht getan, hätten sich Adam und Eva wahrscheinlich enorm gelangweilt. Ich spreche hier natürlich metaphorisch. Es geht im Leben nicht darum, herumzuliegen und es sich bequem zu machen. Dafür kommt ihr nicht hier auf die Erde.

Indem du DAS-WAS-IST in deinem Leben würdigst, erkennst du deinen Wert im Kosmos. Es ist eine Art Spiel. Du kommst hierher und vergisst dabei all die tiefen Verbindungen, die du hast. Und dann spielt ihr, wer es zuerst erkennt. Nicht als Wettstreit natürlich – ganz bestimmt nicht als Wettstreit.

Aber erkennst du es in dieser Lebensspanne? Verbindest du dich zurück und findest einen Weg, diese Kraft in deinem Umfeld zu nutzen, um andere um dich herum zu erleuchten, um die Schwingung der Qualität der Erfahrung zu erhöhen? Du gibst etwas weiter. Du findest einen Weg, dich damit zu verbinden. Denn ihr seid getrennt. Dein Ziel, wenn ich es so ausdrücken wollte, dein Ziel ist dann, dich wieder damit zu verbinden: Trennung, Rückverbindung.

Es geht darum, die Sterblichkeit zu verstehen. Diese Erfahrung zu machen, ist einzigartig auf dieser Ebene – die scheinbar vergängliche Schleife, die wir durchleben, dass es einen Anfang und ein Ende gibt. Darum geht es in diesen Informationen.

Manchmal – nun, oft – ist es wichtig, diese Perspektive einzunehmen, damit die Erfahrung ganz erkannt werden kann. Es ist wichtig, sich wirklich Zeit zu nehmen, den Duft der Blumen zu riechen, weil die Zeit begrenzt ist. Doch tatsächlich ist die Zeit unendlich. Und es wird in der Zukunft – metaphorisch gesprochen – andere Blumen geben, an denen du riechen kannst.

Aber wenn du darum wüsstest, gäbe es kein Bestreben, die Ebene, auf der du jetzt bist, die Kostbarkeit des Augenblicks wirklich zu erfassen. Wenn es nur so wäre: »Ich bin jetzt für die und die Spanne imaginärer Zeit hier, und ich sitze das jetzt ab, bis das nächste Leben anrollt«, dann hätte diese Erfahrung keine Besonderheit.

Teil des Besonderen an dieser Erfahrung ist die Illusion, es gäbe einen Anfang und ein Ende. Das verleiht der Erfahrung eine Art Struktur. Die Qualität von jedem einzelnen Augenblick, die Kostbarkeit des jeweiligen Moments.

Wenn du diesen Prozess gestartet hast, fügst du dann später das Wissen um die Unendlichkeit hinzu. Die ganze Struktur der Lebenskraft ist unendlich, und sie erweitert die Erfahrung jenes Rosendufts.

Ich versuche, dir mit dieser Rose eine klare Analogie zu geben. Hier ist also die Rose. Wenn du das Wissen mitbringst, dass du unendlich bist und dass das Leben immer weitergeht, betrachtest du sie vielleicht nicht wirklich als Teil der Erfahrung. Du bist nicht ganz in der Erfahrung. Wenn du noch auf einer anderen Ebene verankert bist, lässt du die Energien nicht ganz in dich hinein.

Um die Ebene, auf der du bist, voll auszukosten, musst du in ihr verankert sein. Und zu der Verankerung gehört, dass es einen Anfang, eine Mitte und ein Ende gibt. Du siehst die Rose und fängst an, sie zu schätzen. Dabei verbindest du dich wieder zurück zu der größeren Macht des ALLES-WAS-IST, und die Rose darin wird umfassender, weil sie vor einem Hintergrund steht. Du gehst durch die Experimentierphase und entdeckst deine Verbindung wieder. Es ist letztlich ein wundervoller Prozess.

Du erblühst gewissermaßen gleichzeitig mit der Rose. Wenn du den Zeitpunkt so bestimmen kannst, dass du in diesem Moment voll erblühst, dann geschieht es – ihr werdet eins. Und dann entsteht ein tieferes Verständnis der Ewigkeit des Lebens.

Ich glaube, wir haben Einstein hierher geschickt, um die Zeit zu erklären. Sie ist nicht linear; alles geschieht gleichzeitig, und wir tasten in jedem Augenblick verschiedene Ebenen ab. Dieses Ding namens *Zeit* – zwei-, drei-, vierdimensionale Ebenen – ist ein Maßstab der Erfahrung, der in den Lebensformen in Bezug auf ihre Regenerationsfähigkeit angelegt wird. Doch in Wirklichkeit ist er erweiterbar; du kannst die Unendlichkeit unendlich messen.

Ich meine, wie misst du das? Es ist abstrakt. Die Zeitlinie entsteht durch Geburt und Tod. Wenn du den größeren Zusammenhang erkennst, wenn du auf deinem Weg bist, dann lässt du die Angst vor dem Tod los. Tod ist Zeit. Der Tod wohnt der Zeit wesensgemäß inne. Wir bemessen die Dinge wegen dieses Todes. Wenn du ihn aus der Gleichung entfernst, gibt es plötzlich keinen Grund mehr dafür. Es ist größer. Es ist größer als all das. Es ist multidimensionaler als all das.

Es ist eine Frage des Zugangs …, des Zugangs zu diesem Wissen …, des Zugangs zu diesem Verständnis, dieser Rückverbindung, des Rückverbundenwerdens.

Der einfachste Rat, den ich den Leuten geben könnte, wäre, sich Zeit zu nehmen, ihre wahre Natur zu erfahren. Und zwar durch Kontakt mit der Natur. Denn die Natur kennt das. Sie ist bereits an diesem Punkt angelangt. Sie kennt den größeren Zusammenhang. Bringe dich in diese Natur ein, und diese

Energie wird dir auf einer sehr tiefen Ebene eingeflößt, wenn du es zulässt.

Das kann so einfach sein wie eine Meditation. Es kann so einfach sein, wie aufs Meer zu schauen und den ans Ufer schlagenden Wellen zuzusehen, aber lass den Verstand außen vor – den Verstand, der in gewisser Weise die Rahmenbedingungen deiner Sichtweise erzeugt, der bestimmt, wo sie aufhört, der dir Scheuklappen aufsetzt.

Indem du das, was du siehst, bewusst nicht mehr bewertest und in deiner Seele der Unendlichkeit dieses Prozesses Einlass gewährst, beginnst du zu heilen – beginnst du, dich wieder mit dieser größeren Verbundenheit rückzuverbinden, mit dieser Unendlichkeit dessen, was wir sind. Und du beginnst, zu den Antworten zu kommen, die du auf dieser Ebene brauchst. Zuerst ganz einfach, und dann, im Laufe der Zeit, immer spezifischer.

Jenen Moment zu finden, wo du dich vollkommen wohlfühlst – ob du als Buddhist heilige Gesänge chantest oder allein auf einem Berggipfel vor dich hin singst oder ob du am Strand den Wellen nachspürst, die durch dein Leben rauschen –, das ist der Anfang. Alles, was in Büchern geschrieben steht, oder auch das, was ich hier sage, dient nur dazu, dich zu diesen ganz einfachen Dingen zurückzubringen. Zu diesem ganz einfachen Zugang. Alles, was jeder Weg letztlich tut, ist, den Zugang frei zu machen, damit die Energie durch dich fließen und die Verbindung stattfinden kann. Letztlich geht es darum, dass du es zulässt; du öffnest die Tür. Öffne die Tür und lass sie hereinkommen.

Wenn der erste Schritt vollbracht ist, braucht es eigentlich keinen zweiten, denn dann hast du alle Antworten ..., all die Unendlichkeit, die du je wirst bewältigen können. Sie ist da, für dich.

Wenn es einen zweiten Schritt gäbe, bestünde er meiner Ansicht nach darin, anderen durch dein Vorbild zu helfen, die Türen zu öffnen. Durch deine Verbindung mit ALLEM-WAS-

IST und indem du zulässt, dass es sich voll in deinem Leben manifestiert. So wirst du auf die Menschen in deiner Umgebung Einfluss nehmen, und sie werden sich von der Energie, die durch dich hindurchkommt, angezogen fühlen. Sie werden sich magnetisch hingezogen fühlen. Dieser Schritt dient dazu, anderen zu helfen, ihre Türen zu öffnen.

Wie bereicherst du die Kommunikation? Es geht darum, dein Instrument zu stimmen. Es ist, als ob du deine Antenne in die richtige Richtung drehst. Zuerst erkennst du, dass du eine Antenne hast. Du entwickelst ein Gespür dafür. Du bekommst Zugang zu ihr. Und dann justierst du sie so lange, bis du so klar hörst, dass du die innere Stimme verstehst, die für alle da ist. Manche Leute hören sie durch die Engel. Andere Leute hören sie durch merkwürdige Erscheinungen. Wieder andere haben eine Art Traumzustand, in denen sie zu ihnen spricht. Es geht darum, die Antenne zu finden, die für dich am besten funktioniert.

Viele Leute suchen durch das Gebet. Die Schwierigkeit beim Beten ist, dass der Monolog an diesem Ende manchmal so laut ist, dass nichts gehört wird. Mit anderen Worten: Das Gebet dient eigentlich dazu, zu lauschen, aber viele Leute haben daraus einen Monolog gemacht, der nur sendet. Es geht darum, die Informationen zu empfangen. Du gehst nicht durch die Tür. Du öffnest sie, und sie kommen herein.

Kommunikation mit der Natur ist anders als Kommunikation mit Menschen. Sie hat eine andere Qualität. Wenn du ein Geist- oder Naturwesen in dich hineinlässt, gibt es wunderbarerweise gewöhnlich kein Hintergrundrauschen. Jedenfalls nicht in der Natur. Da wird kein Hintergrundrauschen erzeugt. Die Kommunikation wirkt direkt von Seele zu Seele, und es entsteht Verbindung. Aus dieser Verbindung entsteht ein Verstehen. In der Kommunikation gibt es so vieles, was über den Verstand läuft und den Weg versperrt. Und manchmal ..., manchmal kann dieser Austausch auf Verstandesebene eine instinktive Reaktion auf die Umwelt auslösen, und du fängst an, auf deine Instinkte zu hören, damit du ein Konzept verstehen kannst. Aber Konzepte sind nur nützlich, wenn sie anwendbar sind. Solange sie abstrakt bleiben, bedeuten sie nichts.

Etwas auf dem Papier zu lesen und zustimmend mit dem Kopf zu nicken, ist eine hübsche kleine Übung. Aber was nützt sie, solange sie sich nicht in deinem Leben auswirkt?

Wenn das, was der Verstand tut, dich irgendwie zurück zu deinen Instinkten führt, wo du anfängst, deinen Instinkten zu vertrauen und dich darin zu stärken, dann ist dieser Austausch nützlich, dann ist er essenziell. Für manche Menschen kann er essenziell sein. Für *manche* Menschen. Der einzige Weg für ihr Ego, das Verstehen zuzulassen, ist, wenn es von jemandem kommt, der »bedeutender« ist als sie selbst. Ich finde dieses Konzept so albern.

Es ist, als würde ich sagen, diese Hand sei viel bedeutender als jene Hand. Wir bestehen alle aus derselben Substanz, doch manche Menschen brauchen es, so zu tun, als gäbe es eine Art von »Bedeutungs-Quotient«. Manche Menschen können etwas nur verstehen, wenn sie meinen, es von jemand Wichtigerem oder Wissenderem mitgeteilt zu bekommen, denn dann werden auch sie selbst wichtiger, wenn sie es jemand anderem weitergeben. Und das ist wirklich nicht der Fall.

Doch manche Menschen können das Wissen nur durch jemanden annehmen, von dem sie meinen, er wüsste mehr als sie. Doch in Wahrheit sind wir alle wissend; wir sind alle mit derselben großen Kraft verbunden.

27

WO IMMER DU BIST,
KANN EINE HEILUNG GESCHEHEN

Wir spüren dich jetzt hier und möchten, dass du deine tiefsten Wünsche zum Ausdruck bringst. Du bist schon lange Teil des ALLES-WAS-IST, und du hast dich zu einem Ort durchgekämpft, wo du Einfluss hast. Jetzt kannst du dich zurücklehnen, um im Einklang mit dir zu sein und es dir an diesem Ort gemütlich zu machen.

Du sorgst dich noch um vieles, doch du brauchst nicht in Richtungen zu streben und zu wachsen, die nichts mit deiner Wirklichkeit zu tun haben. Du hast all die Wesenheiten, die zu deiner Unterstützung kommen werden, bereits in Bewegung gesetzt. Jetzt brauchst du nur noch dieses Kraftfeld durch dich fließen zu lassen und zu wissen, dass dies für dich möglich ist.

Wir möchten nicht, dass du dich belastet fühlst oder meinst, in einer stressigen Situation gewesen zu sein. Manchmal agierst du aus schierer Anstrengung heraus, und das erschöpft dich. Du musst dich um dich kümmern, damit du der Welt dienen kannst. Es liegt also in deiner Reichweite, die Themen anzugehen, die ein tiefer Teil von dir sind. Du hast sie vielleicht oft gemieden und dich den Dingen nicht gestellt, die dich wirklich vorwärtsbringen. Du hast sie beiseitegelegt und hast zugelassen, dass dich dieser Weg ganz vereinnahmt. Es ist Zeit für dich, anzufangen, dich selbst zu heilen, die Behinderung deines Innenlebens zu heilen. Dies ist *deine* Fähigkeit. Du hast den Zugang. Und es gibt eine gewisse Vermeidungshaltung, die du überwinden musst.

Lass uns schauen, wie wir da vorgehen können. Deine Energie ist fein abgestimmt. Du weißt, was funktioniert und was in dir Resonanz erzeugt; du hast die Fähigkeit, in diese Schwingung zu gehen, und du kannst das willentlich tun. Aber jetzt musst du einen Weg finden, das für dich selbst zu tun. Du musst dir die Zeit nehmen, dich und dein Leben zu heilen. Es gilt für dich, noch ein Feld zu entdecken, welches dich mit einer anderen Dimension deiner Arbeit bekannt machen wird. Es ist auf Basis der Einheit gestaltet und wird Teil dieser neuen Schwingung sein, wenn du dich nur in deinem wahren Wesen einrichtest, in deinem wahren Selbst. Dann wird es tief in dir mitschwingen. Das bedeutet, du musst Zeit finden, mit *dir* zu sein. Du musst Zeit finden, dich in deinem eigenen Leben einzurichten. Diese Tendenz, wegzulaufen, funktioniert nicht immer. Wenn du dienen willst, im größeren Zusammenhang dienen und in dieser neuen Dimension sein willst, ist jetzt die Arbeit an dir selbst an der Reihe.

Du musst dir dafür Raum schaffen. Du musst dir dafür Zeit schaffen. Du musst mit deinem Leben im Frieden sein, sonst beeinträchtigt die Energie, die du erzeugst, diese neue Dimension. Je besser du mit dieser anderen Schwingungskraft umgehen kannst, desto mehr Frieden wirst du im Leben erfahren, aber auf einer tieferen Ebene.

Damit das geschehen kann, muss in deinem Leben unglaublicher Frieden herrschen. Unglaubliche Sicherheit. Zuversicht. Nicht die Art von Zuversicht, die man sich erarbeitet, sondern die Art, die ein Teil von dir ist, die zu dir gehört. Sie braucht nicht erarbeitet oder vorgeführt zu werden. Und sie entsteht in Stille. In stillen Momenten.

Ich wünsche, du könntest eine größere Schwingung hören, aber das wird bald kommen. Du glaubst nicht, dass du all die Fähigkeiten hast, die du hast, und dabei hast du noch viel mehr. Es kommt noch mehr. Aber du musst an dir arbeiten. Da ist der Raum. Erschaffe den Raum. Erschaffe den Raum.

Du hast hier viel zu bieten. Konzentriere dich auf deine eigene Kraft, deine eigene Lebenskraft. Halte sie in Harmonie. Manchmal ist sie sonst disharmonisch. Es ist wie ein Lied. Es ist, als würdest du eine Melodie hören, in der dein Name erklingt. Diese Schwingungsqualität ist ganz dein Eigen, ganz speziell dein Eigen. Du näherst dich ihr, dieser vollkommenen Harmonie mit dem Universum. Aber du musst noch einen letzten Schritt machen. Das wird dir den Durchbruch bringen. Du brauchst nur deinen Frieden in deinem Leben zu finden.

Es geht uns um Klarheit, nicht um Verwirrung. Strebe nach Klarheit. Strebe danach, klarer zu werden. Die Klarheit kommt. Sie kommt wirklich. Aber du musst, du musst, du musst *dir* Raum nehmen. Plane deine Tage nicht so, dass für dich, für dein Leben kein Raum mehr bleibt.

Du hast sicherlich diese stürmische Freude erlebt, die dein Leben manchmal durchströmt. Sie ist dir zu jeder Zeit zugänglich. Damit du mit ihr mitschwingen kannst, musst du alles andere zur Ruhe bringen. Alle Unruhe, alles, was dich ablenkt, alle Panik muss verschwinden. Du wirst das herausfinden. Aber du kannst dir dabei nicht schaden. Du magst sehr getrieben sein, aber du kannst die wilde Fahrt jetzt auch genießen.

Die neue Ebene, die da kommt, ist tiefer, tiefgründiger. Sie ist etwas Großes und von großem Ausmaß. Sie ist profund. Und es wird da keine Zweifel geben. Sie ist, was sie ist. Sie ist der Kern der Existenz. Wenn du einmal Zugang zu ihr gefunden hast, wird dir das völlig klar sein. Völlig klar.

Wie sehr willst du dich selbst antreiben, und wie sehr willst du dich von deinem Leben dahin leiten lassen, wo es hinwill (wobei das zweite die optimalere Wahl ist)?

Manchmal ist ein Instrument nur ein bisschen verstimmt und erzeugt daher nicht genau das Schwingungsmuster, mit dem es optimal wirken würde. Es geht um die Feinabstimmung. Die sehr genaue Feinabstimmung. Sei empfindsam, wirklich empfindsam für diese Feinabstimmung, die durchkommen wird, die du spürst. Du spürst sie. Und sie macht einen entscheidenden Unterschied.

Es ist so, als wolltest du jemanden anrufen und verwählst dich bei einer Ziffer. Dann findest du diese Person nicht. Doch wenn du nur diese eine Ziffer änderst, entsteht die Verbindung. So nah bist du dran. Du bist ganz in der Nähe. Und der Weg, diese Ziffer zu finden, besteht darin, innerlich zur Ruhe zu kommen, inneren Frieden zu erzeugen, innere Gewissheit.

Mache die Dinge einfacher, wie auch immer das für dich geht. Darin liegt ein eigener Rhythmus, der frei ist von jeder Disharmonie. Da ist das Banale, doch das Banale wirkt sich auf die Energie aus. Es ist alles dasselbe. Heilung ist Heilung.

Ich glaube, du solltest ein bisschen formbarer werden. Ein bisschen weniger rigide. Ein bisschen weniger angestrengt. Ein bisschen zugänglicher. Wo immer du bist, kann eine Heilung geschehen.

28

JEDES WESEN WEISS SELBST,
WAS ES BRAUCHT

Du befindest dich in einem Bereich deiner Existenz, wo die Bandbreite der Energie tiefer ist. Dein Charakter verändert sich jetzt so, wie es nötig ist, damit du eine andere Form von Energie freisetzen kannst.

Du bist jetzt auf einer höheren Ebene angekommen, die andere Kräfte umfasst. Du wirst deinen Einflussbereich ausdehnen, indem du diese umfassenderen Energieformen kontaktierst. Es sind Pools, die du anzapfen musst. Erlaube dieser Kraft, sich auf ihre eigene Weise zu zeigen. Lass diese Kraft sich stärker in deinem Leben zeigen. Du fühlst dich beim Channeln dieser spezifischen Energie mit den Leuten, mit denen du in Kontakt kommst, manchmal »wie auf hoher See«. Es ist kein gleichmäßiger Fluss. Diese Kraft ist stärker als dein Widerstand gegen sie. Wenn bei deiner Arbeit ein Widerstand auftaucht, wird diese größere Kraft, die dir zufließt, diesen Widerstand überwinden. Du hast davon in der Vergangenheit schon eine flüchtige Ahnung bekommen. Sie fließt dir jetzt stärker zu, und du wirst das bald erleben. Sie durch dich durchzulassen, ermöglicht es dir, mehr Bedürfnisse zu erfüllen als bisher.

Zu deiner Mission gehört auch, zu verstehen, dass dies ein Prozess ist, der deine Frequenz erhöht, je mehr du andere Kräfte beiseiteschiebst und den Fluss spürst. Du machst ihr den Weg frei.

Deiner Sicht auf diese Form stellen sich Hindernisse in den Weg, durch die du dir einen Weg bahnen musst wie durch ein Weizenfeld. Du musst den Weg bahnen. Es ist alles bereits da, es braucht nur zu fließen. Im Moment hat es keine Richtung. Es fließt in verschiedenen Formen. Du musst den Fluss mehr wie einen Laser ausrichten und einen klareren Weg dafür schaffen.

Verstehe, dass deine Bedeutung, deine Kraft, nicht da liegt, wo sie sich im Moment abspielt. Sie kommt anders durch. Du hast jetzt viel von dem, was du zu erreichen strebst, verstanden. Du hast direkte Ziele, die du erfüllen möchtest, und du wirst diese Ziele im Laufe der Zeit erfüllen. Sie sind bereits vorbestimmt. Es ist, als ob du eine Runde Golf spielst: Hinter dem »Dogleg« – also wenn die Spielbahn einen scharfen Knick macht – findest du eine Vision, die sich erfüllen wird. Du brauchst dich darum nicht zu kümmern oder hart darauf zuzuarbeiten. Sie wird sich nach ihrem eigenen Willen zeigen.

Du solltest jetzt deine Zeit damit verbringen, den Weg frei zu machen, den Weg für deine umfassendere Energie frei zu machen, damit sie durchkommen kann; und sie wird durchkommen, wenn du dir einfach nur des DAS-WAS-IST bewusst bist, während es sich erfüllt. Fühle das in deinem Leben. Verstehe dessen Bedeutung in deinem Bereich. Dieses Schwingungsmuster wird immer lauter aufgedreht, wie Frequenzen, die Glas zerspringen lassen. Zuerst zittert das Glas nur, dann wird eine Schwelle überschritten und das Glas zerspringt. Genauso ist es mit dieser Energiekraft. Du bist dicht an dem Punkt, wo sie sich hundertfach verstärken wird. Sie ist sehr machtvoll, und du musst den Weg dafür frei machen. Sie wird immer gleichmäßiger und beständiger fließen, du stehst kurz davor. Du brauchst nur zu vertrauen und die Energie um dich herum zur Ruhe kommen zu lassen ..., sich entspannen zu lassen. Sie befindet sich jetzt in einem Zustand der Anspannung. Sie ist mit Anspannung verbunden. Diese gilt es zu entfernen. Wenn du das kanalisierst, gibt es manchmal so eine Art Lampenfieber, das musst du auflösen.

Nimm die Anspannung weg, denn sie verzerrt den Fluss ... Sie verzerrt den Fluss. Geh nicht mit der Haltung in eine Heilung, etwas leisten zu müssen. Lass sie ihr eigenes Schwingungsmuster finden. Tritt einfach zurück und lass sie das tun, was sie zu tun hat, ohne irgendwelche Befürchtungen daran zu knüpfen. Das zerstreut die Energie. Es errichtet eine Wand und erschwert das ganze Geschehen.

Du musst Vertrauen haben. Vertraue auf einer tiefen Ebene, dass es mit Leichtigkeit geschehen kann. Es ist in der Vergangenheit so gewesen und wird weiter wachsen in dem Maße, wie du es zulässt. Es liegt an dir. Du musst dich vorbereiten, mit einem umfassenderen Bereich in Kontakt zu treten, und erkennen, dass es eine bereits vollendete Tatsache ist. Es ist gewissermaßen bereits getan. Du brauchst weder Angst davor zu haben noch zu fürchten, es wäre nicht da oder es würde verschwinden.

Vertraue auf einer sehr tiefen Ebene, dass dein Leben seine Mission erfüllt. Lass dieses Vertrauen sich entwickeln, dann wird die Kraft auf ohrenbetäubende Weise durch dich hindurchkommen.

Es gibt in diesem Prozess der Heilung Polaritäten, zwischen denen du hin und her gerissen bist. Das Schwingungsmuster hat Gipfel und Täler, es gibt Extreme. Die Polaritäten bestehen darin, dass du manchmal extreme Hitze empfindest, und zu anderen Zeiten bereitet dir der Fokus auf eine gewisse Art von Energie kalte Schauer. Da gibt es keine qualitativen Unterschiede. Mit diesen Kräften, diesen verschiedenen Polaritäten wie der Kälte, kommen verschiedene Energiefelder ins Spiel.

Das eine ist nicht dem anderen vorzuziehen. Du musst nicht immer meinen, Hitze wäre vorzuziehen und sei heilsamer. Manchmal hat diese andere Energie, dieses andere Feld, viel mit der Natur der zu heilenden Person zu tun.

Vertraue auf deinen Instinkt. Verurteile ihn nicht. Stelle ihn nicht infrage und versuche nicht, ihm vorauszueilen. Wenn du dich im Prozess der Heilung befindest, plötzlich Kälte spürst und anfängst, die Kälte zu hinterfragen, ziehst du dich damit sofort aus dem Prozess heraus.

Genauso ist es mit der Hitze. Wenn du dich hinstellst und anfängst zu analysieren, was da passiert oder was du fühlst, und all die anderen Details hinterfragst, die mit dem Prozess einhergehen, lässt du dich nicht ganz auf den Prozess ein. Du musst all diese Gedanken völlig außen vor lassen. Es wird sich naturgemäß das abspielen, was in dem Feld, mit dem du gerade zu tun hast, gebraucht wird.

Die Leute, die zu dir kommen, haben ihr eigenes Energiefeld. Es muss seinen eigenen Rhythmus finden, und vielleicht stehen manche dieser Rhythmen mit den Schwingungsmustern des kälteren Feldes in Resonanz. Zu anderen Zeiten werden diese Schwingungsmuster als Nebenprodukt Hitze freisetzen.

Das Wechselspiel zwischen deinem Energiefeld und dem Energiefeld der anderen ähnelt dem Mischen von zwei Chemikalien. Es entsteht durch die Interaktion zwischen den beiden Feldern. Manchmal wird dabei Kälte freigesetzt und manchmal Hitze. Es hängt von der Natur dieser Interaktion ab, der energetischen Interaktion, und die kann sich während des Verlaufs ändern. Sie ist nie statisch. Sie ist immer im Prozess. Sie ist immer in Bewegung, im Fluss. Also wird sie sich verändern. Das Wichtige dabei ist, das Geschehen nicht zu bewerten, nicht zu meinen, etwas müsste verändert werden. Wenn du dich in diesem Prozess befindest, musst du deinen Verstand außen vor lassen.

Nach der Sitzung wäre es schön, wenn du dir Notizen über die Erfahrung deines Klienten und über deine eigene Erfahrung machst. Du kannst das aufheben und später Zusammenhänge herstellen. Doch im Wesentlichen geht es um die Interaktion mit den Energiefeldern und was dabei entsteht. Manchmal tauchen Hindernisse auf, die aus dem Weg geräumt werden müssen. Und manchmal sind die härtesten Hindernisse die kältesten.

Es geht darum, deinen Verstand während des Prozesses so ruhig wie möglich zu stellen. Es ist wie ein meditativer Zustand. Je näher du dem kommen und alle Sorge um den Prozess loslassen kannst, desto klarer und reiner wird die Energie fließen und desto größer wird die Resonanz mit deinen Patienten sein.

Du musst dich fragen, was du tust, um eine gewisse Ruhe herzustellen. Kümmerst du dich aktiv darum? Wenn nicht, solltest du es tun. Du musst Zeit dafür finden. Es ist wesentlich. Ich sage das nicht im Sinne von »Na, wenn du mal ein paar Momente Zeit hast …«. Es ist ein integraler Bestandteil des Prozesses, und du wirst nur erfolgreicher damit werden, wenn du diesen Aspekt bewältigst.

Das heißt nicht, dass du jeden Morgen stundenlang meditieren musst – das meine ich nicht. Finde jene Momente in deinem Leben, wo sich deine Energie wieder aufladen kann. Das kann täglich passieren, wenn du dich in diese Energie begibst, die bereits vollkommen geformt ist.

Am besten wird die Energie durch das Sein in der Natur geformt. Da ist sie nicht verzerrt, nicht manipuliert. Sie ist in dieser Hinsicht rein. Und weil es in der Natur keine Sorge um ihre Qualität gibt, setzt sie sich einfach nur frei.

Ich rate allen, die nach einem tieferen spirituellen Selbst streben, sich in die Natur zu begeben, denn ihre Harmonien ermöglichen es dir, die Energie auf eine Weise zu hören, wie du sie noch nicht gehört hast. Das bringt deine eigene Energie automatisch wieder in Übereinstimmung, weil sie qualitativ so anders ist als das, was du mitbringst.

Ich verwende gerne die Metapher des Singens mit anderen: Wenn du mit einer anderen Person falsch singst, ist es ganz einfach, weiter falsch zu singen. Doch wenn du in einem Chor mit Tausenden oder Hunderttausenden von Menschen singst, wird der Klang so ohrenbetäubend, dass du gezwungen wirst, richtig zu singen. In diesem Umfeld schwingt sich deine Energie automatisch ein. Sie wird verbunden. Sie wird wieder zurückverbunden.

Je mehr Zeit – 15 Minuten, 20 Minuten – du dir in deinem Garten nimmst, wo Bäume sind, wo es Natur zu genießen gibt, desto mehr Energie wirst du aus der Natur ziehen. Sie ist wie ein Stimmgerät. Sie stimmt dich ein und stärkt deine Harmonie mit deinem eigenen System.

Je mehr du das verzerrst, je mehr du dem entfliehst, desto schwieriger ist es für dich, die Art von Energie zu übertragen, die du für deinen Tag brauchst. Nimm dir Zeit dafür, in der Natur zu sein. Finde Zeit dafür. Nimm dir Zeit. Es wird dir letztendlich so viel Zeit sparen – Zeit nutzlosen Sorgens, Zeit nutzloser, merkwürdiger Energievergeudung.

Je mehr du dich früh am Tag fokussieren kannst, umso besser. Die Energie, die du ausstrahlst, wird immer harmonischer und wird in deiner Umgebung immer mehr akzeptiert. Sie wird von denjenigen, mit denen du in Kontakt kommst, leichter aufgenommen. Sie ist reiner. Und jeder Tag, an dem du dir nicht diese Zeit nimmst, errichtet Wände, bis du so in Schieflage kommst, dass du dichtmachen musst. Das ist für uns ein Grund, uns zurückzuziehen.

Es gibt tatsächlich ein ganz tiefes Bedürfnis, sich wieder mit etwas Organischem, Natürlichem zu verbinden. Als Wesen interpretieren wir das so, dass uns die Arbeit zu viel wird, dass unser Alltag zu chaotisch ist; und das ist für uns ein Grund, uns zurückzuziehen. Doch es geht eigentlich viel tiefer als das. All das Chaos existiert, weil wir eben nicht verbunden sind. Das Wesen weiß eigentlich, was es braucht. Es weiß, was es braucht, um seine Sehnsucht zu erfüllen.

Du bist jetzt seit einiger Zeit mit diesem Prozess in Verbindung: zuzulassen, DAS-WAS-IST durch dich sprechen zu lassen …, diese Kraft, die andere Energien mit einer größeren Energie rückverbindet. Es ist ein Prozess der Anbindung an die größere Energiequelle. Das ist es, was durch dich zu der anderen Person hinfließt. Es ist ihre intravenöse Zuleitung des Lebenssaftes des Universums.

Häufig kommen Leute zu dir, die von allen Kräften in ihrem Leben getrennt wurden. Sie wurden zu Opfern. Sie sind entmachtet. Die meisten Menschen, die zu dir kommen, haben keine Kraft mehr. Sie suchen nach jemandem, der ihnen das geben kann.

Das ist aber eigentlich nicht die Heilungserfahrung. Es ist nicht so, dass du ihnen diese Kraft gibst. Vielmehr verbindest du sie mit der größeren Kraft, die sie bereits regeneriert. Sie verfügen bereits über alles, um das zu tun – sie brauchen nur eine Starthilfe. Manche sind schon so lange davon getrennt, dass ihr Leben sozusagen eingerostet ist. Ihre Kontakte sind nicht mehr sauber genug, um die Verbindung herstellen zu können.

Das ist dann sehr schwierig, weil sie inzwischen sehr dickfellig und gefühllos geworden sind. Es ist schwierig, sich mit diesen Menschen zu verbinden, weil sie so sehr damit beschäftigt sind, sich abzuschotten und zurückzuziehen. Doch so klein und schwach ihre Öffnung auch sein mag, versuchst du doch mit deiner Kraft für sie eine Verbindung zu der größeren Kraft, zu dieser umfassenderen Energie herzustellen. Wenn sie sie einmal erfahren, können sie sie auch selbst herstellen. Einmal verbunden, kann die Öffnung größer werden.

Wenn eine Person ihre eigene Heilung einmal erfahren hat, kann sie in ihren eigenen, selbst erzeugten Lebensverhältnissen weitermachen. Sie braucht keinen Vermittler – sie braucht niemanden, um sie zu erinnern –, wenn sie sich entscheidet, zu begreifen, dass sie ihr Leben heilen kann.

Jesus hat vor langer Zeit gesagt: »*Ihr könnt euch selbst heilen, wenn ihr es zulasst.*« Diese Leute, die zu dir kommen, sind vielleicht so verschlossen, so isoliert, so wenig im Kontakt mit dem, was diese Kraft ist, dass sie jemanden brauchen, der sie an diese Verbindung erinnert.

Da kommst du dann ins Spiel. Du verbindest sie mit dem größeren Energiefeld, in dem wir uns alle befinden. Aus dem wir alle bestehen. Wir sind alle eins.

Es gibt Menschen, deren Mission darin besteht, diese Türen zu öffnen. Eric hat so eine Mission. Auch Fred hat in gewissem Sinne diese Mission. Damit werden die Türen zu einem umfassenderen Verständnis geöffnet. Es ist eine Fähigkeit, die auf den Erfahrungen vieler Leben beruht.

Es gibt Leute, denen es bestimmt ist, diese Art von Arbeit zu machen – die sich dafür gemeldet haben, die sich speziell dafür gemeldet haben, auf diese Ebene zu kommen, um der Menschheit zu helfen. Das ist ihre Mission.

Es entsteht gesammeltes Wissen, und manchmal meinen die Leute, sie könnten sich mit der Robe dieses Prozesses schmücken, auch wenn sie nicht das grundlegende Verständnis dafür haben.

Nun, jeder kann sein eigenes Leben heilen. Jeder kann das. Und für die Leute, die bereits Erfahrungen mit Energie gemacht haben – dieser Infusion mit dieser Energie, von der wir gerade reden –, für die wird der Weg plötzlich frei und beginnt sich in gewisser Weise zu öffnen.

Sie findet ihr eigenes Niveau, doch am Anfang wird sie noch in Stößen kommen. Manchmal haben die Störungen, die sie erleben, mit diesen Stößen zu tun. Sie bedeuten also nicht unbedingt, dass diese Leute auch fähig sind zu heilen.

Du wirst erleben, dass sich viele berufen fühlen, doch nur wenige sind auserkoren. Du kannst für sie lediglich die Tür zur Erfahrung öffnen, die Informationen präsentieren, egal ob sie sie aufnehmen können oder nicht.

Wer dazu bestimmt ist, mit der Arbeit weiterzumachen, wird automatisch motiviert sein, als ob er an etwas erinnert würde. Diesen Menschen geht ein Licht auf; ihr Wunsch danach wird stärker, und daraus ergeben sich auch mehr Gelegenheiten, was wiederum mehr Erfolg bewirkt, was wiederum … Verstehst du, was ich sagen will?

Sie werden auf ihre Weise einen Weg finden, die Art von Energieform zu manifestieren, auf die sie sich einlassen müssen, um weiterzukommen. Wer noch nicht über die Fülle an notwendigen Erfahrungen verfügt, wird sie irgendwann erhalten – wenn auch vielleicht nicht in diesem Leben, vielleicht auch nicht im nächsten Leben ..., aber vielleicht in einem etwas späteren Leben.

Du kannst also niemanden zwingen oder zu jemandem sagen: »Oh, du bist begabt. Du musst dies oder jenes tun.« Da müssen sie selbst draufkommen. Sie müssen es leidenschaftlich fühlen, denn es ist eine leidenschaftliche Arbeit. Heilung hat mit Leidenschaft zu tun.

Und du brauchst nie zu fürchten, die Fähigkeit zu verlieren, wenn du sie einmal hast. Sie verliert sich nicht. Sie ist etwas, was nur *mehr* wird. Um sie zu verlieren, müsstest du deine Augen davor verschließen. Absichtlich versuchen, sie zu verbiegen. Denn einmal erschienen, nimmt sie nur zu.

Und noch etwas musst du für dich klären: Diese Kräfte, die versuchen, deine Arbeit zu stören – in diesen Kräften manifestiert sich deine Negativität. Die Negativität, die in deinem Leben ist, wird sich im Außen mit anderen Menschen manifestieren. Sie reagieren auf das, was sie in dir spüren. An jenen Tagen, wo du dich eher scheu oder in Bezug auf deine Arbeit oder dein Leben verunsichert fühlst, spiegelt sich das in jenen Menschen wider, die Dinge sagen wie: »Nun, weißt du, du verlierst die Kraft.« Dein Leben sagt das. *Dein* Zweifel spricht aus diesen Worten.

Wenn du Negativität hörst, ruft sie dich dazu auf, deine Harmonie neu auszurichten. Es geht nicht darum, mit dem anderen zu diskutieren. Es ist nicht deine Aufgabe, ihm zu sagen, dass er unrecht hat.

Verschwende nicht deine Zeit damit, seine Aussage zu widerlegen. Das ist seine *Gestalt,* in Ermangelung eines besseren Wortes. Das ist wie eine warnende rote Flagge für den Heiler. Sobald du Negativität hörst oder siehst oder erkennst, sage: »Okay, okay. Ich muss mich wieder harmonisieren. Ich muss mich sortieren. Ich muss das sehen, denn wenn ich in meiner Energie ganz rein wäre, würde sich diese rote Flagge nicht zeigen.«

29

WISSE, DASS DU EIN MEISTER BIST

Die Beziehung zwischen Meister und Jünger existiert schon immer. Mentor und Schüler, Meister und Jünger. Das ist die Natur der Beziehung. Du wirst daran erinnert. Du bist als Meister in diese Welt gekommen.

Es gibt in verschiedenen Bereichen unserer Umwelt viele Meisterlehrer. Aber du wirst daran erinnert, dass diese Arbeit für dein Leben wichtig ist. Es hat wirklich nichts mit dem Ego zu tun, denn es geht ums Dienen. Es geht nicht ums Gewinnen. Es geht ums Dienen, jemandem zu dienen …, zuzulassen, dass sich das Leben des anderen bessert, weil du in deinem Dienen deine Energie freisetzt.

In manchen Gesellschaften ist die Vorstellung eines »Meisters« mit dem Bild von Menschenmengen zu seinen Füßen verknüpft. Das ist hier nicht gemeint. Wir reden darüber, dass du mit einer gewissen Fähigkeit zum Dienen hierhergekommen bist, und du hast dich freiwillig dazu gemeldet. Du hast es zu deiner Mission gemacht, hierherzukommen, um der Menschheit zu dienen, um die Schwingung zu erhöhen. Dies soll dich daran erinnern, dass das deine Mission ist. Du weißt das bereits.

Wenn du das hörst, dann dient es dazu, dich an die Art von Dienst zu erinnern, den du manifestieren kannst. Den du hervorbringen kannst. Die Art von Wirkung, die dein Leben auf dieser Ebene auf viele, viele Menschen haben kann, ohne dich von ihnen »getrennt« zu fühlen.

Es geht nicht um »die anderen« und »wir«. Es geht um »wir« und »wir«. Je mehr du dich abtrennst, desto weniger Erfolg hast du. Je mehr du dienst, desto mehr bist du mit der anwesenden

Person eins …, desto erfolgreicher wirst du sein. Es geht nicht ums Ego. Es geht ums Annehmen, das Annehmen deiner Rolle.

Es mag Leute geben, die den monetären Wert deiner Arbeit infrage stellen. Das ist in gewisser Weise manifestierte Negativität. Das ist deren Negativität. Damit drücken sie eigentlich aus, dass sie sich irgendwie nicht auf den Prozess einlassen wollen, weil sie finanzielle Bedenken haben. »Ich sollte das für umsonst bekommen, denn es ist Teil der Natur und ich bin Teil der Natur, und es sollte einfach ein Prozess sein, der geschieht.« Monetäre Bedenken sind nicht leicht messbar und vergleichbar. Jeder hat da seine eigenen Anhaftungen – an die Bedenken, die finanziellen Bedenken. Viele Leute haben im Umgang mit Geld viele Selbstwertthemen – *viele* Selbstwertthemen –, weil es in dieser Gesellschaft unberechtigterweise zu einem Maßstab dafür geworden ist, wie viel jemand gilt. Und wir haben uns auf das Konzept eingelassen, unseren Wert in Geld zu messen.

Oft meinen die Leute, die sich über die Bezahlung Gedanken machen, du seist auf einer Art Egotrip und meintest, du müsstest jetzt jede Menge Geld verdienen, weil du so eine besondere Fähigkeit hast. Das ist mehr deren Projektion, als dass es etwas mit der Wirklichkeit zu tun hätte. Das ist nur ein Produkt ihrer Negativität.

Darüber brauchst du dir keine Sorgen zu machen. Sie müssen damit selbst klarkommen. Du kannst klar und deutlich sagen: »Das ist Teil unserer Abmachung. Das ist unser Austausch. Du kannst dich auf diesen Austausch einlassen oder nicht. Du hast die Wahl. Ich habe nicht die Absicht, deine Ansicht darüber zu ändern. Es ist nicht meine Aufgabe, diese finanziellen Bedenken zu rechtfertigen oder auch nicht.«

Finanzen sollen den Menschen helfen, mit ihrem größeren Selbst in Kontakt zu kommen. Wir reden hier nicht über immensen Reichtum, aber es muss Essen auf dem Tisch stehen. Das ist wichtig, weißt du. Und du brauchst dich nicht zu scheuen, das als Teil dieses Austausches zu benennen.

Jedem sind Gaben gegeben. Lasst uns damit beginnen. Viele Gaben werden belohnt. Die Gabe, Klavier zu spielen – dieser Mensch ist begabt. Lohnt sich das finanziell für ihn? Ja. Er hat sehr hart daran gearbeitet, seine Fertigkeit zu entwickeln, und er kann damit kommunizieren. Je besser man seine Gabe im Außen entfalten und Menschen erreichen kann, desto größer ist die Chance, auch gut bezahlt zu werden.

Manchmal verstehen die Leute etwas nur, wenn es einen Austausch gibt, wenn etwas einen Wert hat. Das betrifft nicht nur denjenigen, der Geld bekommt, sondern auch die Person, die als Patient kommt und etwas will.

Manchmal muss diese Person ihr Leben entwickeln. Sie muss etwas – scheinbar – opfern, um ihr Leben zu entwickeln. Manchmal verstehen diese Menschen das nur, wenn ein Preisschild dranhängt.

Angenommen, der Penner an der Straßenecke wüsste um ein Mittel zur Heilung von Krebs, die *echte* Heilung. Niemand würde sie anwenden, weil sie in der falschen Verpackung daherkommt. Und er könnte wirklich das Heilmittel haben. Manchmal muss jemand die Verpackung anschauen, bevor er sich auf das Konzept einlässt. Das liegt in der menschlichen Natur. Manchmal ist also ein Austausch erforderlich, damit die Leute es als legitim anerkennen. Es mag für sie eine Herausforderung darstellen, das Geld aufzubringen, denn ihr Leben ist wichtig und hat das verdient und wird dadurch gewürdigt.

Die Frage nach »fair« – was ist schon »fair«? Das ist etwas, was jeder in seinem Herzen klären muss. Was für die eine Gruppe fair ist, ist es nicht unbedingt für die andere Gruppe. Was *ist* fair? Eine Million Dollar für eine Heilung ist vielleicht nicht für jeden fair – das ist das eine Extrem. Kostenlos ist vielleicht nicht für jeden richtig – das ist das andere Extrem. Irgendwo in der Mitte gibt es ein »fair«. Das ist etwas, was du in deinem Herzen erkennen musst. Ich glaube, du kannst das herausfinden. Du kannst das herausfinden.

Und manchmal braucht der Empfänger der Heilsitzung diese Herausforderung – braucht diese Herausforderung, um den Austausch zu würdigen. Als Teil seiner Gestalt. Er muss etwas opfern, um es in sein Leben aufzunehmen. Es ist nicht wirklich ein Opfer, aber es erscheint der Person zu diesem Zeitpunkt so. Weil es um ihr Wachstum geht. Manche Menschen können es nur würdigen, wenn ein Preisschild dran ist.

Es geht um die Absicht des Empfängers. Manchmal machst du vielleicht etwas kostenlos, weil die Person, der Empfänger, in seinem Verlangen, sein Leben zu ändern, so aufrichtig ist. Du spürst das, wenn du der Person begegnest.

Es gibt viel Grau in dieser Welt. Wir denken gerne in Begriffen von Schwarz und Weiß. So, wie es viele, viele Menschen gibt, gibt es viele verschiedene Beziehungen.

Die Welt beruht auf für alle passenden Einheitsgrößen, und die Leute reagieren darauf. Manchmal bedarf es da der Abgrenzung. Aber es sollte Flexibilität geben. Du wirst das spüren. Lege fest, was dein Wert ist und was du kommunizierst, sowohl für den Empfänger als auch für den Heiler.

Es ist nicht nötig, die finanzielle Vereinbarung zu rechtfertigen. Es ist vollkommen unnötig. Du kannst nur die Fakten präsentieren. Ob die Leute dann mitmachen wollen oder nicht, ist ihre Entscheidung.

Oft spiegelt sich ihre Negativität in ihrer Haltung gegenüber ihrer Heilung wider. Und gegenüber ihrer Fähigkeit, sich ihre Heilung zuzugestehen.

Sie wollen in gewisser Weise in ihrem jetzigen Zustand bleiben. Irgendwie ungesund bleiben. Wenn sie das aufgrund ihrer finanziellen Bedenken schaffen, dann werden sie das nutzen. Dann heißt es: »Nun, wissen Sie, ich kann nicht geheilt werden, weil Sie so teuer sind bzw. weil Sie für meine Gesundung Geld haben wollen.« Sie sagen eigentlich damit: »Ich entscheide mich, nicht geheilt zu werden. Meine Krankheit ist mir angenehm. Ich möchte sie nicht überwinden.«

Wenn du das aus dieser Sicht angehst, ohne anzugreifen oder mit dem Finger auf jemanden zu zeigen, sondern vielmehr ihren Wunsch berücksichtigst – was ist in Bezug auf Gesundheit ihr *Wunsch* –, und wenn sie sich daran nicht beteiligen wollen, dann gibt es einen Teil in ihnen, der noch ungesund sein möchte.

Und manchmal taucht das auf, wenn du, der Heiler, am schwächsten bist. Dann musst *du* dich wieder einstimmen. Dann musst du dein Leben wieder einstimmen. Auftanken. Finde die Augenblicke. Ich kann das gar nicht genug betonen, wie dringend das für dein Leben nötig ist, denn wenn du nicht eingestimmt, nicht in Harmonie bist, werden Entscheidungen gefällt, die nicht in deinem besten Interesse sind, weil du sie aus Verletzlichkeit triffst und nicht aus Stärke. Deine Entscheidungen kommen dann aus einer Bedürftigkeit heraus und nicht aus deiner Vision.

Wenn du heilst, ist es eine Rückverbindung. Ein Rückverbinden. Es geht darum, die ihnen innewohnende Fähigkeit wiederzuerwecken – ihnen Starthilfe für diese Erfahrung zu geben. Du machst einfach den Weg dafür frei und verbindest sie mit ihrer höheren Energieform. Und du ermöglichst es ihnen, das zu erfahren. Es ist, als würdest du das Blut wieder fließen lassen.

Auf ähnliche Weise gibt es Energiewege, durch die wir auf diese Ebene kommen und mit denen wir sehr verbunden sind. Wegen unserer Lebenserfahrungen fangen wir an, sie zu versperren – aufgrund von Traumata, aufgrund von vielen anderen Dingen. Als Heiler ist es unser Ziel – und du bist ja ein Heiler –, diese Leute daran zu erinnern und sie diese Verbindung wieder erfahren zu lassen. Letztlich kann sie sich selbst wieder regenerieren. Irgendwann können sie ihre Verbindung zu der Kraft selbst wieder regenerieren. Aber es ist die Natur dieser Energie und dieser Schwingungsmuster, die mit dem Leben im Einklang sind. Du bist gewissermaßen wie eine Stimmgabel:

Du erklingst in dieser echten Energie, und der Körper nimmt das an und kommt in eine Art von Schwingungsmuster, wo die Energie angenommen werden kann. Sie ist nicht disharmonisch. Sie bricht nicht zusammen, wenn sie auf das Energiefeld trifft. Sie wird angenommen.

Betrachte dich selbst weniger als Heiler und mehr als Vermittler und Begleiter. Als jemand, der den Energietransfer vermittelt. Die Heilung beruht auf einer Vereinbarung, wenn du so willst. Auf einer Schwingungsebene. Die Person, die geheilt werden möchte, öffnet ihr Leben, um die Energie anzunehmen, aus der wir alle hervorgegangen sind und von der wir getrennt wurden.

Es ist ein Wiedererwecken dieser Verbindung, ein Zulassen der Verbindung mit dem DAS-WAS-IST. Das, was ist, was wir alle sind. Auf verschiedenen Ebenen der Existenz manifestiert. Aber im Kern sind wir alle miteinander verbunden. Ich meine, was in der Welt geschehen ist und so viel Disharmonie hervorgerufen hat, ist teilweise darauf zurückzuführen, dass wir uns unserer gegenseitigen Verbundenheit nicht bewusst und uns nicht darüber im Klaren sind, dass Kriege niemandem guttun.

Wenn wir wirklich verstehen, dass die Person, die wir verletzen, ein Teil unserer selbst ist, werden wir uns sehr bemühen, den Weltfrieden herzustellen. Im Moment erkennen wir das nicht. Wir verstehen nicht, dass wir letztlich alle eins sind. Wir verbringen viel Zeit damit, darüber zu reden, wie individuell wir sind. Wie einzigartig unsere Nation, unsere Rasse, unsere Persönlichkeit ist, anstatt Energie darauf zu verwenden, uns darüber auszutauschen, wie viel wir gemeinsam haben.

Wir möchten getrennt sein. Wir wollen nicht Teil von etwas sein. Ich lasse dich jetzt einmal mit diesem Gedanken allein.

30

WIR ERSCHAFFEN JEDE SEKUNDE UNSERES LEBENS – ES IST UNSER KUNSTWERK

Ich bin jetzt hier bei dir. Wir warten schon seit einer Weile darauf, dir unsere Energie zu kommunizieren. Wir spüren dein Verlangen nach Kontakt. Wir wollten dich Teil von dem werden lassen, was zuvor zu dir gekommen ist. Es gibt in deinem Leben ein Bedürfnis, eine neue, göttliche Art von Kommunikation zum Ausdruck zu bringen, die du meinst, erfahren zu haben.

Wir wissen, dass im Moment eine andere Form von Energie kommt. Du musst deine Vermittlung auf diese neuere Art von Energie einstellen. Sie wird dir helfen, einen Bereich der Existenz zu verstehen, der dir bislang verschlossen war.

Wir wissen um deine Fähigkeit, dies zum Ausdruck zu bringen. Du hast dieses Terrain noch nicht erforscht, aber du wirst es spüren, wenn es in deinem Leben auftaucht. Wir wissen, dass dies für weiteren Erfolg von höchster Wichtigkeit ist. Es ist jetzt an der Zeit für dich, dies in deinem Leben zu verkörpern. Es ist nicht außerhalb von dir.

Du musst also durch dein Leben einen Zugang dazu finden, ohne Bewertungen, ohne Interpretationen deiner Existenz. Das wird sich dir natürlich zeigen, wenn du dich in diesen nächsten Bereich begibst.

Du hast in der Vergangenheit viel versucht, und du hast in vielen Bereichen deines Lebens das Gefühl gehabt, es würde dir ein Strich durch die Rechnung gemacht. Erkenne diese Hindernisse vor dir und lass sie verschwinden. In Hindernisse zu rennen, ist deinem Plan nicht förderlich. Lass sie ihren Platz in der Existenz finden und lass sie dann beiseite, ohne Energie hineinzustecken.

Im weiteren Verlauf deines Wegs wirst du dich auf eine andere Weise zentrieren müssen, als du das bislang getan hast. Du musst dich in einer anderen Art von Fundament verankern, sodass die Kraft durch den Grund deines Lebens hereinkommt. Sie fließt durch dich und aus dir heraus. Du musst dir Zeit geben, das zu entwickeln. Wenn es in deinem Leben Konflikte gab, musst du dem Raum geben. Du brauchst mehr Raum.

Du hast das wirklich unter Kontrolle, aber es muss mit deinem inneren Frieden beginnen. Es kann nicht im Außen angesprochen werden. Es muss erst in dir seine Grundlage haben. Du musst diese Art von Frieden verkörpern. Und dann kommt die Kommunikation. Du kannst den Schatten nicht reparieren. Du musst dich erheben, dann wird sich auch der Schatten erheben.

Innerer Frieden ist ein Rhythmus des Lebens. Es ist eine Verbindung mit der universellen Energie, mit ihrem Zyklus. Es geht darum, in den Rhythmus der Musik des Universums zu kommen. Wenn du gegen die Musik ankämpfst, klingt es nicht sehr erfreulich. Finde einen Weg, dich mit dem Universum zu harmonisieren. Das entsteht aus dem Einssein mit dir selbst ... *Sein*. Nimm dir Zeit, dich vorzubereiten, bevor du mit den Leuten um dich herum in Kontakt gehst. Spüre diesen Rhythmus in deinem Leben. Du wirst ihn erkennen, sobald du ihn spürst. Du stürmst allzu oft vorwärts, ohne zuerst diese Art von Grundlage gebildet zu haben, und dann wird die Musik disharmonisch und die Kommunikation tut den Leuten in den Ohren weh.

Finde einen Weg, im Frieden und eins mit dir zu sein. Es mag eine Weile dauern, bevor du weitermachen kannst, aber du musst dir Zeit *nehmen*. Du befindest dich oft auf der Wirkungs-Seite der Dinge. Du solltest mehr auf der Ursachen-Seite sein. Das ist mit einer einfachen Ausrichtung deines Bewusstseins leicht zu bewirken. Aber du musst dir Zeit dafür nehmen.

Du musst dem Raum geben. Das heißt, du *musst* Raum dafür schaffen. Du musst Zeit dafür einplanen, eins mit dir zu sein. Du kannst nicht von Kommunikation zu Kommunikation flitzen. Es gibt viele Möglichkeiten, das zu tun, aber du musst dir Zeit nehmen, einfach ruhig für dich zu sitzen und alle negative Unruhe, die in dein Leben kommt, aufzulösen. Sie muss heruntergeschaltet werden. Die Lautstärke muss heruntergedreht werden. Und es ist eine Menge Unruhe da, die dich davon abhält, wirklich kraftvoll zu werden. Sie steht dir im Weg. Du musst diese Unruhe beseitigen. Die Botschaft ist schwieriger zu empfangen, wenn da Unruhe ist.

Es gibt Energie, die jedem zugängig ist. Wie du wohl weißt, hat jeder in der Welt einen Kanal zu dieser Art von Energie. Deine Aufgabe ist es, den Kanal zu definieren und den besten Weg zu finden, ihn mit der größeren Energie zu verbinden.

Wenn die Leute einmal den Frieden des DAS-WAS-IST und ihre Verbindung in ihrem Leben erfahren haben, ist es viel leichter, mit eurer täglichen Existenz weiterzumachen. Vielleicht möchtest du diesen Bereich weiter erforschen. Wie verbinden wir uns als spirituelle Wesen mit dem größeren Sein? Das wird den Leuten helfen, ihren Weg zu der Erkenntnis zu finden, dass sie einer in vielen sind, nicht einer von vielen. Das größere Bewusstsein, in das wir uns alle einspeisen. Und es gibt Kommunikation auf dieser Ebene, auf der Ebene des »größeren Bewusstseins«, und sie ist zugänglich. Häufig trennen wir – wir halten uns zurück. Wir errichten Wände. Wir verbergen uns vor diesen Energien, weil wir uns vor der Kraft fürchten, die wir haben. Wir fürchten, wir könnten in unserem Leben wirklich machtvoll sein. Wir schauen auf andere, um von ihnen Stärke zu erhalten, aber davon hat niemand etwas.

Diese Ängste stammen aus der Angst vor der Verantwortung für das Leben – die Verantwortung für das eigene Leben ist der Schlüssel. Die Leute wollen diese Verantwortung nicht. Sie wollen bedürftig bleiben. Sie wollen »Bedürftigkeit« in ihrem Leben. Irgendwie wird das zum Motor ihrer Existenz, obwohl es eigentlich ein Hemmnis ist. Bedürftigkeit hindert uns daran, uns zu verbinden. Wenn wir alle wüssten, dass wir diese äußeren Dinge nicht brauchen, und wir alle die Kraft hätten, die wir uns wünschen, wenn wir uns mit dem größeren Bewusstsein verbinden, was würden wir dann mit unserer Zeit anfangen?

Der Versuch, sich mit Kristallen und Amuletten zu schützen, beruht auf Angst. Es ist Angst, der negative Energie zugrunde liegt, statt die Erkenntnis zuzulassen, dass es eine Illusion ist. Dieses Bedürfnis nach Abhängigkeit zieht dich zu diesen Objekten hin, statt deine eigene Kraft in dich aufzunehmen.

Es ist – ich wiederhole es – die Verleugnung deiner Macht. »Wenn ich den richtigen Kristall bekomme, dann werde ich machtvoll sein.« Dies ist eine Suche nach Vervollständigung im Außen, statt zu erkennen, dass die Vollständigkeit bereits existiert. Wir streben danach, uns von außen zu vervollständigen. »Wenn ich dieses Amulett habe, wenn ich diesen Kristall habe, dann werde ich machtvoll sein.« Nun, in diesem Fall ist die Macht komplett außerhalb von dir. Du überträgst die Macht oder den Schutz oder was auch immer auf diese Objekte, und du hast keine Kontrolle über dein Leben, weil das Amulett die Kontrolle hat. Der Kristall hat die Kontrolle.

Wir geben unsere Macht ab. Die Leute fürchten sich davor, wirklich die Verantwortung für ihr Leben zu übernehmen. In dieser Gesellschaft lernen wir, auf andere zu schauen. Manche religiösen Dogmen erfordern, dass jemand für uns eintritt, weil wir es nicht alleine können. Das ist irreführend.

Ein Heiler muss das Ego aus dem Heilungsansatz heraushalten, wenn er den Impuls verspürt, etwas hinzuzufügen, um besser dazustehen, oder wenn er meint, spezielle Kleidung anlegen oder sich rechts statt links herum bewegen zu müssen. Dies ist ein Kanal, zu dem jeder Zugang hat, weißt du. *Jeder.* Jeder hat Zugang. Er macht den Weg frei. Es geht darum, diese Verbindung mit dem größeren Bewusstsein zu erkennen, denn es gibt alle möglichen Hemmnisse, die sie uns *nicht* sehen lassen.

Manchmal wollen die Leute eine intuitive Diagnose stellen – mit einem Pendel oder durch die Geistführer –, um das Problem zu finden. Sie wollen es diagnostizieren und dann versuchen, es ihrem Verständnis gemäß zu beheben, anstatt bereit zu sein, einfach zu beobachten und als Katalysator für die Heilung präsent zu sein.

Dies ist ein umfassendes Thema. Die Reise von der Machtlosigkeit zur Macht ist einer der Gründe, weshalb wir ein Leben auf dieser Ebene führen. Bereits bei der Geburt ist uns einprogrammiert, dass wir von jemand anderem abhängig sind, und wir *sind* es letztlich ja auch, von unseren Eltern, weißt du, als Kinder. Diese Programmierung entsteht fast organisch, und wir meinen, so müsste es unser ganzes Leben lang weitergehen, weil wir am Anfang all unsere Macht unseren Eltern übertragen haben, aber dann kommt ein Erwachen. Eine Reise findet statt, und wir werden allmählich wir selbst. Wir werden unsere eigenen Eltern. Wir übernehmen diese Rolle selbst. Und wenn wir für uns selbst Eltern sind, werden wir autark. Wir werden das ganze Wesen, das wir sein können.

Für manche Menschen ist das Konzept, dass wir für uns selbst Eltern sein und damit etwas verändern können, nur schwer anzunehmen. Das ist eine der Reisen, die in diesem Übergang von einem abhängigen zu einem unabhängigen, selbstständigen Individuum stattfindet.

Doch allzu oft wird diese Bewusstseinsebene nie durchbrochen. Dann übertragen wir es auf einen Partner. Wir übertragen es auf eine Freundin. Wir erzeugen diese Art von ko-abhängiger »Du musst für mich da sein«-Beziehung. All diese Paradigmen, die es in der Gesellschaft gibt.

Irgendwie gelangt die Reise an den Punkt, wo du durch den Zugang zu der Energie, die für jeden da ist, dich in dir selbst erfüllt fühlst. Es ist kein begrenzter Vorrat. Sie ist unendlich. Man braucht nur damit in Kontakt zu gehen. Manchmal erfordert es eine kleine Anstrengung. Aber da kommt die Harmonie ins Spiel – sobald du in Kontakt gehen und das ganz in deinem Leben spüren kannst, dieses Zentrum, wo du nicht abhängig bist, wo dein Leben ganz dir gehört.

So viele Leute machen sich ihr Leben nicht zu eigen. Sie haben Teile davon verkauft, anderen gegeben. Und dann erheben sie Anspruch darauf und werden frustriert, weil diese Person, wie sie behaupten, einen Teil ihres Lebens genommen habe, anstatt zu erkennen, dass sie dieser Person einen Teil ihres Lebens überlassen haben.

Es geht darum, dein Leben nach deinen frühen Kinderjahren wieder in Besitz zu nehmen. Dich selbst wieder heil und ganz zu machen. Es ist sehr leicht, ins Drama zu gehen, wenn du scheinbar immer nur *gegeben* hast. Dann wird alles ein Drama, in dem wir anderen Menschen die Schuld für unsere Unzulänglichkeiten geben, weil sie uns etwas angetan haben oder wir meinen, sie hätten uns etwas angetan. Und jetzt sind wir ein Opfer, und wir machen es uns in unserer Opferhaltung bequem und suchen nach jemandem, der uns davor rettet. Doch das wird nie zu einem erfüllenden Leben führen, weil die Kraft nicht bei diesen Menschen liegt. Sie ist hier. Sie ist hier, hier in dir. Du brauchst sie nicht von anderen zu holen und einen Kampf, einen Krieg zu führen.

Es ist ein Erinnern. Es ist ein Prozess des Erinnerns, denn wenn wir nicht auf dieser Ebene sind, erkennen wir es. Wir verstehen diese Verbindung, und wir geben sie nur auf, um in diesem Leben die Reise der Wiederentdeckung zu machen und damit unser Umfeld zu verändern. Teil der Mission jedes Menschenwesens; das auf dieser Ebene geboren wird, besteht darin, sich die eigene Macht wieder anzueignen – sich der Kraft zu erinnern, die vor der Ankunft hier auf dieser Ebene losgelassen wurde.

Es ist ähnlich wie eine Schatzsuche. Wir sind alle auf diese Ebene gekommen, um an einer Schatzsuche teilzunehmen, und der Schatz liegt in uns. Solange wir das nicht erkennen, suchen wir außerhalb unserer selbst nach dem Schatz. Dann kommt ein Augenblick, der zum »Aha«-Moment wird. Wir erkennen, dass der Schatz aus dem besteht, was wir sind, und wir erkennen das an. Wir alle sind der Schatz.

Das ist die Wiederentdeckung. Wir alle sind hier, um dieses Spiel zu spielen.

Wenn du eins bist mit dir – wenn du wirklich im Einklang bist mit deinem inneren Leben –, ist keine deiner Entscheidungen falsch. Jede Entscheidung hat ihren Wert. Es kommt nicht drauf an. Es ist egal, welche Entscheidung du triffst. Manche Leute denken: *Soll ich durch diese Tür gehen oder durch jene?* Und sie verbringen viel Zeit mit der Entscheidung, durch welche Tür sie gehen sollen. Sie führen alle zum selben Weg. Aber in dem Versuch, den Weg zu finden, fahren wir uns fest: *Welche Tür soll ich nehmen? Ist diese Tür wertvoll oder jene? Liegt ein Schatz hinter dieser Tür, oder liegt er hinter jener? Ich weiß es nicht. Vielleicht brauche ich Hilfe, um herauszufinden, welche Tür es ist.* Und sie verbringen ihre Zeit in dieser fegefeuerartigen Existenz, in der es keine Bewegung gibt.

Es geht darum, eine Tür zu wählen und hindurchzugehen. Sie wird dich dahin bringen, wo du hinmusst. Sorge dich nicht darum, ob du die falsche Entscheidung triffst. Jeder Moment hat seinen Wert; jede Entscheidung hat ihren Wert – in jeder Entscheidung gibt es eine Lektion, wenn du dich entscheidest, sie zu sehen. Es ist egal. Bewege dich. Geh durch die Tür. Sinne nicht lange über die Türen nach. »Diese ist hübscher. Die da sieht ziemlich schwer aus.« Es ist egal. Es ist egal. Geh durch die Tür!

Wenn es überhaupt eine Entscheidung gibt, die am wenigsten empfehlenswert ist oder am ehesten falsch, dann ist es die, keine Entscheidung zu treffen. Und manche Leute weichen zurück. *Ich gehe durch keine Tür. Ich fühle mich wohl dabei, über*

die Türen nachzudenken. Darin liegt meine Existenz. Ich sehe zu,
wie andere Leute durchgehen. Ich weiß nicht, was auf der anderen
Seite passiert, aber ich lasse sie wählen. Ich warte ab und schaue,
wie viele Leute durch diese Tür gehen und wie viele Leute durch
jene Tür gehen. Ich hole mir Meinungen über die Türen ein. Ich
lasse sie ausmessen.

All diese Angst bezieht sich auf eine Entscheidung, die nicht wichtig ist. Es ist nicht wichtig. Bewege dich. Die Leute bewegen sich nicht in ihrem Leben. Sie wachsen nicht. Sie gewöhnen sich an den Raum, in dem sie sich befinden, und das kann manchmal sehr schmerzhaft sein.

Wir alle kennen Leute, die an ihrem Leiden hängen. In solchen Fällen geht es darum, dass sie sich bewegen. Es spielt keine Rolle, in welche Richtung. Es ist egal. Wo sie sich befinden, ist der Schmerz, und das Wachstum liegt in der Bewegung. Die Erkenntnis liegt in der Bewegung, nicht im Stillstand.

Es geht darum, die Leute in Bewegung zu setzen – Bewegung in ihr Leben zu bringen. Spirituelle Bewegung.

Die Leute zeigen vielleicht nicht immer die Heilung, die sie deiner Meinung nach empfangen sollten. Deine Rolle besteht darin, zu erkennen, dass du sie mit einer höheren Energie verbinden kannst. Die Beschwerden mancher Leute – ihre Missbildungen, ihr Mangel an Energie in einem Teil ihres Körpers –, all das ist Teil von etwas, was sie erfahren müssen, um die Lektion zu lernen, die für sie ansteht. Manchmal weigern sie sich, die Lektion zu lernen, die ihr Zustand mit sich bringt. Und manchmal müssen sie diesen Zustand beibehalten, bis sie die Lektion lernen, die mit dieser Beschränkung verbunden ist, welche auch immer es ist. Erst wenn sie dadurch mehr Mitgefühl für etwas entwickeln, können sie sie loslassen.

Nichts von alledem ist zufällig. Keine dieser Krankheiten und Beschwerden ist Zufall. Sie sind aus einem Grund hier. Sie dienen einem Zweck. Und die Lektion ist erst gelernt, wenn die Leute den Zweck begreifen.

Als Heiler kannst du nur eine Chance bieten, und manchmal eine sehr gute Chance. Das ist alles, was du tun kannst. Es kann keine Anhaftung an das Ergebnis geben. Nochmals: Es wird eine Tür angeboten. Es wird eine Tür geöffnet. Gehst du hindurch oder nicht? Wir öffnen Türen. Als Heiler öffnen wir Türen zu Energie. Wir öffnen Türen zu einer größeren, erfüllteren Existenz.

Wir öffnen Türen zu einem Leben in Harmonie mit dem Universum. Wir öffnen Türen. Ob die Person durchgehen kann oder will, ist ihre Entscheidung, ist ihre Aufgabe, ist der Grund, weshalb sie auf diese Ebene geboren wurde. Niemand hat diese Beschwerden zufällig. Es gilt, eine größere Lektion zu lernen.

Ich will hier ganz deutlich sein. Es geht nicht um eine Lektion, die mit dem Verstand gelernt werden müsste. Manchmal kann es auf der zellulären Ebene sein. Diese Menschen sind bereit, die Krankheit um des Mitgefühls willen, das sie in ihnen hervorruft, um der Erkenntnisse willen, die sie nie gehabt haben, wertzuschätzen. Erst wenn sie einen Weg finden können, diese Dinge als Chancen zu betrachten, etwas tief in ihrem Leben zu verändern – ihr Leben zu vertiefen –, erst dann werden sie heilen. Dies ist ihre Chance, zu wachsen.

Jede Krankheit, die wir haben, jedes Hemmnis, das uns im Weg steht, ist eine Chance, zu wachsen. Es sind einzigartige Erfahrungen. Es sind alles verschiedene Erfahrungen, die unterschiedliche Teile des DAS-WAS-IST beleuchten. Einige Leben lang betrachten wir diese Dinge aus einem sehr engen und kurzsichtigen Blickwinkel. Zu anderen Zeiten geben wir uns die Chance, unser Sichtfeld zu weiten und das Wesen der Skulptur aus einem anderen Blickwinkel zu betrachten. Und manchmal müssen wir um die ganze Skulptur herumgehen, um ihre wahre Schönheit und Natur zu erfassen. Als Heiler kannst du nur darauf hinweisen und sagen: »Hier ist die Tür. Bist du bereit?«

Je mehr unterschiedliche Erfahrungen wir uns verschaffen, desto besser wird unser Verständnis dieser ganzen Erfahrung ..., dieser ganzen Ebene, an der wir teilhaben. Es spielt keine Rolle, ob wir unsere Entscheidungen auf dieser Ebene aus Angst oder aus Liebe treffen, denn es gibt immer etwas zu gewinnen. Es ist egal.

Entscheidungen sind Entscheidungen. Deine Bewertungen der Entscheidungen sind ein Konstrukt, das dem Universum fremd ist. Du bewertest diese Entscheidungen – Angst, Liebe oder was auch immer. Du gibst der Entscheidung eine Qualität, weißt du. Die Entscheidung ist die Entscheidung. Sie wird dich dahin bringen, wo du hinmusst. Es ist egal, ob sie auf Angst oder auf Liebe beruht oder wie auch immer du sie bewerten willst. Dir obliegt es, hindurchzugehen und auf der anderen Seite Erfüllung zu finden – das Mitgefühl auf der anderen Seite.

Wenn du anfängst, es zu analysieren – *Beruht diese Entscheidung auf Angst?* –, dann bist du im Stillstand. Dann betrachtest du Türen.

Ein Heiler, der sich ängstlich zurückzieht und sich mit Flammen und Ritualen schützt, vermittelt nicht dieselbe Ebene der Heilung, wie wenn er in ein Gefühl der Freiheit der Liebe und Interaktion mit dem Universum eintritt. All diese Bewertungen müssen aus der Gleichung entfernt werden.

Und zwar alle diese Bewertungen, alle. Mit anderen Worten: Ein Heiler, der Amulette, sagen wir zum Beispiel Kristalle, zu seinem Schutz oder wozu auch immer verwendet, verkörpert nicht wirklich seine Kraft. Diese Person hat eine Reise zu machen. Wenn sie etwas außerhalb von sich verwendet, verlässt sie sich auf eine andere Kraft. Sie ist also nicht im Vollbesitz ihrer Macht, ihr fehlt etwas. Die Energie *ist*. Sie *ist*. Punktum.

Und dann willst du sie mit Kristallen und Amuletten und Ritualen und … behindern? Ist es das, was du tun willst: den klaren Fluss behindern? Es ist, als würdest du einen Schlauch dekorieren: »Vielleicht binde ich jetzt noch dieses herum und dann binde ich noch jenes herum« –, dann kann das Wasser nicht fließen.

Es gibt gar nichts, was du tun kannst, um dich zu »öffnen«, um ganz mit deinem Empfinden von Sehen oder Klang in Interaktion zu treten. Es ist nicht die Aufgabe des Schlauches, das Wasser zu erkennen. Was den Prozess gelingen lässt, ist unter anderem deine Nichtbewertung – das Weglassen deiner Bewertungen, deine Neutralität gegenüber dem Prozess. Wenn du auf diese Bewertungen hören würdest, wenn du damit in Interaktion trittst, dann dienst du nicht mehr dem Zweck.

Es geht um die Energie der Person …, darum geht es. Du bist der Kanal, der das Geschehen zulässt. Wenn du, als der Kanal, dieser Funktion nicht mehr ganz neutral und urteilsfrei dienst, dann bricht die ganze Verbindung zusammen, weil du dich herausnimmst. Dann bist du nicht mehr drin, um diese Kraft geschehen zu lassen. Deine Rolle ist einzig und allein, ein Kanal zu sein. Das ist eine wichtige Rolle. Täusche dich da nicht. Täusche dich da nicht.

Manche Leute haben das Gefühl, Kristalle würden helfen. Das ist eine Funktion des Ego. Sie glauben, sie hätten die Antwort. »*Ich* habe die Antwort. Kommt zu *mir*. *Ich* habe die Antwort. Diese Person dort hat die Antwort nicht. *Ich* habe die Antwort.« Das ist alles eine Funktion des Ego. »Das unterscheidet *mich* von ihm. *Ich* habe den größeren Kristall. *Ich* habe das größere Amulett, *ich* verfüge über die Worte, die sie nicht hat. Deshalb müsst ihr zu *mir* kommen.«

Damit gehen wir davon aus, dass es eine begrenzte Menge an Kraft gibt: »Ich habe mehr Kraft und Macht, und die anderen haben weniger.« Das trennt uns vom Heilungsprozess. Je mehr wir von alldem abstreifen und einfach präsent sein können – was zu dir zurückkommt, was du damit schaffst, ist Zeit … Es geht darum, Zeit zu schaffen, in deinem Leben sehr präsent zu sein. So viele Menschen haben auf so viele Arten davon gesprochen, und doch wird es nie gehört. Du musst wirklich in deiner Existenz präsent sein, ohne aus dem Ego heraus zu funktionieren, und einfach die Kraft spüren, die da ist.

Die Leute rennen überall herum und suchen nach Kraft, dabei haben sie sie bereits. Sie eilen ihr Leben lang von einem Laden zum anderen und versuchen, jemanden zu finden, der die Kraft hat. Dabei brauchen sie nur stehen zu bleiben und in den Spiegel zu schauen, und sie würden erkennen: *Das ist Wahrheit. Das ist Wahrheit. Sie ist bereits da. Sie ist in dieser Sekunde, in diesem Moment da.*

Die Leute sind damit beschäftigt, sie wegzugeben. Wir müssen sie jetzt wieder in Anspruch nehmen. Wir müssen erkennen, dass wir in unserem Leben ganz lebendig sein können, ohne dass es auf Kosten von jemand anderem geht. Aus irgendeinem Grund denken alle, es gäbe nur so und so viel Ressourcen in der Welt, im Universum; es gäbe nur so und so viel *Glück* zu verteilen. »Wenn diese Person da zu viel Glück nimmt, wird dann weniger für mich da sein?« Nein. Es ist unendlich. Vollkommen unendlich. Es ist grenzenlos.

Wir werden geboren, um das Fest unserer Existenz zu feiern, doch allzu oft trauern wir nur. Es ist ein Verbrechen, aber so ist die Reise. Die Reise geht vom Trauern zum Feiern.

Egal ob wir versuchen, herauszufinden, ob wir durch die Tür des Trauerns gehen sollen, oder herauszufinden, welches die Tür zum Feiern ist, es ist immer Wachstum möglich. Geh einfach. Geh, bewege dich. Denn in der Bewegung entstehen die Offenbarungen. Wenn wir nur stehen, wird nichts lebendig, es wird nichts erkannt. Dann geraten wir in Stillstand. Es ist alles kopfgesteuert. Wir trauen unserem Instinkt nicht. Wir trauen unserem Leben nicht, der Summe aller Erfahrung. Wir verbinden uns nicht mit dem enormen Pool an Energie, der da ist.

Angenommen, du müsstest ein Loch durch die Erde graben, bis zur anderen Seite, und du sagst: »Ich mache das ohne Schaufel und ohne Bohrmaschine. Ich mache das nur mit meinen Armen und Händen.« Nun, ich meine, das kannst du machen, aber warum solltest du? Warum nicht eine Schaufel nehmen? Das ist die Kraft, die in deinem Leben ist. Das ist die Reise.

Wir verbringen so viel Zeit damit, auf die Schaufeln der anderen zu schauen. *Du hast eine? Toll.* Anstatt deine eigene Kraft anzunehmen. Deine eigene Schaufel zu verwenden.

Verantwortung ist ein sehr belastetes Konzept. Es ist, als würdest du etwas erschaffen, um das zu verdienen, und wirst für vergangene Leben bestraft, und das ist deine Strafe. Das ist nicht sehr kreativ. Es stärkt nur die Opferhaltung.

Ich meine, du musst das so sehen, dass dies alles Chancen sind, so dunkel sie auch sein mögen, Chancen, dein Leben in einem anderen Licht zu sehen. Welche positive Energie kannst du aus dieser Erfahrung ziehen? Mit jeder Krise, mit jeder Konfrontation, die wir in unserem Leben erfahren, mit jedem Hindernis, das uns begegnet, manifestiert sich auch Wachstum. Meiner Meinung nach müssen die Menschen sehr kreativ sein, um die Krise, das Hindernis, wie auch immer du es nennst, zu bewältigen und daraus *Wo ist das Wachstum aus dieser Erfahrung?* zu machen. Dient die Krise dazu, mitfühlender zu werden und sich für bessere Gesetze zu engagieren? Verstehst du, was ich sagen will? Oder dient sie dazu, dich die Seite von dir besser verstehen zu lassen, die du bislang nicht verstanden hast? Oder dein Mitgefühl für die Menschheit zu stärken? Was auch immer. In diesem Moment, in dieser Krise, kann Wachstum gewonnen werden. So wird das viel kreativer als: *Ich übernehme die Verantwortung. Was habe ich getan, um das zu verdienen?*

Worauf hast du dich eingelassen, als du in dieses Leben kamst? Welche Herausforderungen hast du für dich vorbereitet? Du bist nicht einfach nur hierhergekommen, um »Erfahrungen« zu machen und einfach zu sein. Du hast dir einen Lehrplan aufgestellt, bevor du hierherkamst. Du hast diesen Lehrplan durchlaufen und dadurch verschiedene Wachstumsstufen abgeschlossen. Du hast den Hindernisparcours errichtet. Du hast die Umstände gewählt, in die du hineingeboren wurdest. Du hast die Dinge gewählt, mit denen du dich auseinandersetzen musst. Du hast die Latte höher gelegt. Da kommt die

Schöpfung ins Spiel, und zwar noch bevor du auf diese Ebene gekommen bist. Es ist eine Herausforderung.

Das Leben ist eine Herausforderung, im guten Sinne. Die Herausforderung für die Teilnehmer liegt darin, die Hindernisse zu überwinden und dabei zu wachsen. In jedem einzelnen Hindernis, das dir begegnet, steckt Wachstum.

Was die Verantwortung betrifft: Bist du verantwortlich? Ja, du bist verantwortlich, weil du den Hindernisparcours selbst aufgestellt hast, bevor du herkamst.

Es ist leicht, zu jemandem zu sagen: »Übernimm Verantwortung!« Das ist, wie zu sagen: »Es war dein Fehler. Jetzt trage die Konsequenzen.« Das kommt mit viel negativem Ballast daher. Verantwortung wird oft so interpretiert. Die Leute sehen nicht die kreative Kraft, die sie sein kann. Wir brauchen nur diese Wahrnehmung zu verändern. Das Konzept von »Verantwortung« ist oft zu überladen. Ich meine, du solltest sagen: »Also gut, das gibt es jetzt in Ihrem Leben. Wie können Sie mit dieser Erfahrung umgehen und dabei Ihre Lebenskraft stärken? Wie können Sie das ändern?«

Wir sind im Leben kreativ. Wir erschaffen jede Sekunde unseres Lebens – es ist unser Kunstwerk. Die Farbe, die wir auf die Leinwand bringen, ist die Farbe, für die wir uns entschieden haben. Aber wir haben die Farbe gewählt, als wir auf der anderen Seite waren.

Ich will sagen, deine Auswahl der Farben und die Art, wie du damit malst, bestimmt, wie lebhaft und lebendig dein Bild ist oder wie tot und in einer Opferhaltung verfangen dein Bild ist.

Das ist die Schöpfung, die du erzeugst. Das ist das Bild, das du erschaffst. Bildest du ein Leben ab, das blüht und wächst und gedeiht?

Ein Leben ohne Widrigkeiten ist sehr farblos. Es hat keinen Charakter. Da gibt es nur wenig Mitgefühl. Wir sehen das immer wieder. Das leichte Leben ist *nicht* das leichte Leben. Es hat keine Tiefe. Große Werke, große Kunstwerke entstehen auf diesem Planeten nur, wenn du dich dafür entscheidest, dich der Herausforderung zu stellen. Große Musik entsteht aus dieser kreativen Energie. *Tue ich dies oder tue ich das? Werfe ich Licht auf meine Verfassung und meine Lebensumstände oder verberge ich sie?*

Wenn du dich entscheidest, all das zu verbergen oder zu verinnerlichen, dann wird die Herausforderung größer, denn irgendwann muss es in etwas Positives verwandelt werden. Irgendwann, sonst stirbst du daran. Sonst wirst du zum Opfer. Es geht um Transformation; es geht darum, die Energie zu transformieren, die du hast, die Umstände, in denen du lebst, und durch sie ein lebendigeres Leben zu führen und dabei kreativer zu werden.

Manchmal dauert es eine Weile. Manchmal braucht es ein paar Leben, weißt du, bis jemand das Wachstumspotenzial dieser Situationen erkennt. In jedem staubigen Stein steckt ein Juwel. *Wie komme ich an das Juwel heran? Wie komme ich da dran? Wie kann ich es ans Licht bringen?* Nur allzu oft nehmt ihr den Stein und werft ihn weg. Der Stein kommt zurückgerollt. Ihr nehmt den Stein und werft ihn wieder weg. Und wieder kommt er zurückgerollt. Ihr nehmt den Stein, und plötzlich ist da ein Riss drin, und *dann* entdeckt ihr das Potenzial darin. *Oh, Moment mal. Oh, oh, oh!*

Manchmal muss der Stein ein paarmal zu dir zurückgeworfen werden, bevor du anfängst zu sehen, was darin steckt, welche Chance darin steckt. Es geht darum, deine Lebenskraft zu stärken und das, was ein Stückchen Kohle zu sein scheint, in einen Diamanten zu verwandeln. Aber oft verwerfen wir es. »Ach, das ist nur Kohle. Damit will ich mich nicht befassen.« Und eine Gelegenheit wird verpasst.

Genau da muss meiner Meinung nach der Bewusstseinswandel wirklich auf den Prüfstand gestellt werden – es geht darum, in jeder Erfahrung, die du hast, in jeder Konfrontation und in jeder Interaktion, die du erlebst, das Juwel zu finden. Das kann deinem Leben einen sehr positiven Dreh geben und etwas Wertvolles werden, oder du kannst es verwenden, um zum Opfer zu werden. Es gibt keine andere Wahl. Bei jeder Erfahrung geht es darum. *Gehe ich in meiner menschlichen Evolution vorwärts oder gehe ich rückwärts? Gehe ich vorwärts oder gehe ich rückwärts? Befasse ich mich jetzt damit? Nein, ich will mich damit jetzt nicht befassen.*

Wenn du dich damit jetzt nicht befassen willst, warte nur ein Weilchen; du wirst dich ganz bestimmt später damit befassen. Denn du hast dir diesen Kurs vorgenommen. Du hast den Lehrplan geschrieben. Und es ist eine Herausforderung. Es ist eine Herausforderung. Aber wenn du sie bewältigst, kommst du zur Essenz der Freude.

Freude entsteht aus der Fähigkeit, mit einer Situation umgehen zu können, etwas Wertvolles daraus zu machen, vorwärtszugehen und dich davon auf höhere Ebenen tragen zu lassen.

Zum Beispiel hängt Vergebung direkt mit Mitgefühl zusammen. Um ein extremes Beispiel zu nehmen: Wenn ein Mitglied aus deiner Familie getötet würde, ist es sehr schwer, der Person zu vergeben, die das getan hat. Sehr schwer. Doch wenn du einen Weg finden kannst, tiefes Mitgefühl für die Wut und den Ärger, der in dieser Person existieren muss, in dir hervorzubringen, dann wirst *du* zu einem besseren und vollständigeren Menschen.

Du verstehst die Natur so viel besser als jeder andere. Niemand tötet einen anderen, weil er an diesem Samstagabend nichts Besseres zu tun hatte. In solch einem Akt kommt eine ganze energetische Geschichte zum Tragen. Manchmal ist das sehr schwer zu verstehen. Manchmal kommen Menschen mit dieser Aufgabe hierher. Sie sind wie ein Teil eines Schauspiels und dienen in einer Rolle, damit du wachsen kannst.

Die Menschen melden sich dauernd für verschiedene Rollen. Zum Beispiel für die der Vierjährigen, die von einem Lkw überfahren wird. *Ich übernehme diese Rolle diesmal für dich. Ich tue das für dich.* Kannst du jetzt einen Weg finden, das in eine positive Lebenskraft zu verwandeln, die das Leben bestärkt? Kannst du das in dir finden? Das ist die Aufgabe, die du dir gegeben hast. Du hast dich entschieden, das zu tun. Du bringst deine Schauspielertruppe mit, und du spielst das Stück.

Es gibt viele Ebenen der Existenz, die Erde ist eine von vielen. Wir wirken alle auf verschiedenen Ebenen der Existenz, manchmal auch gleichzeitig. Es gibt das Hier und Jetzt, das wir für die Realität unseres Lebens halten, aber es gibt parallel dazu andere Lebenskräfte. Es ist vielschichtig. Und manchmal findet ein anderer Teil dieser sehr realen Existenz auf einer anderen Ebene zum selben Zeitpunkt statt, zu dem du das erlebst, was du als diese Realität wahrnimmst. In all diesen Ebenen besuchen wir auch durch das Unterbewusste vergangene Leben und bringen Informationen hervor, die wie in einer Art riesiger Handbibliothek in dieses Leben integriert werden. In deinem Traumzustand durchstöberst du bewusst diese Bibliothek. Nimmst ein Buch auf, durchforschst es, legst es wieder zurück. Aber wir vergessen das meiste davon, weil wir in unserem Leben sonst nicht so klar funktionieren könnten. Diese Bücher hinterlassen ihre Eindrücke in unserem Instinkt. Wenn du diese Tür öffnest, wird dir enorm viel Wissen gegeben, und manches davon wird ganz spezifisch auf dieser Ebene verwirklicht.

Diese Ebene ist wie ein großes Museum, das wir in unterschiedlichen Rollen wieder und wieder durchwandern. Durch die verschiedenen Rollen verstehen wir völlig unterschiedliche Aspekte von Mitgefühl und werden so in unserem Wesen immer mitfühlender, und das ist letztlich DAS-WAS-IST – manifestiertes Mitgefühl.

Finde einen Weg, mit dem größeren Geist in Harmonie zu kommen, der sich auf dieser Ebene als *du* identifiziert. Du musst fähig sein, in deiner Seele Vollständigkeit zu erleben. Es kommen große Informationen auf dich zu. Sorge dich nicht um deine Existenz. Integriere alles, was um dich ist, und bitte kurz vor dem Einschlafen darum, dass dir wundervolle Informationen übermittelt werden. Zunächst experimentierst du damit herum, aber im Laufe der Zeit wird dir das immer besser gelingen.

Es gibt nun Ebenen der Existenz, wo dieser Zyklus sich nicht so wiederholt, wie du es auf Erden siehst. Die Erde ist eben eine Herausforderung. Du hast dich da für eine harte Schule angemeldet. Sie ist eine der schwersten. Es gibt Orte, wo das Leben nicht so widrig ist. Es ist, als hättest du dich bei einem Ausbildungslager namens Erde angemeldet. Kannst du folgen?

»Was ist das anspruchsvollste Ausbildungslager, bei dem ich mich anmelden kann?«

»Du könntest die Erde probieren. Sie haben ein sehr gutes Programm dort. Sehr kreativ.«

Wir verstehen das nicht. Wir haben zuvor über Farben geredet. Manchmal glauben wir, da seien, sagen wir, vierzehn Farben im Kasten. Doch da sind Tausende von Farben, Farben, die du noch nie gesehen hast. Der Kasten hier ist fast leer. Du fummelst mit vierzehn oder achtzehn Farben herum. Es gibt Farben jenseits deiner Vorstellungskraft. Aber das ist für die Leute schwer zu verdauen. Es ist schwer für sie zu verstehen, ohne sich ihrem Publikum zu entfremden. Du musst verstehen, dass du diese Dinge am Anfang zugänglich machen musst. Sie werden Vertrauen haben. Und verstehe, dass jedes Leben eine Gelegenheit zu Wachstum und tieferem Mitgefühl ist. Jede Sekunde, die du hast. Um alles, was in dein Leben kommt, als Gelegenheit zu sehen, mehr Mitgefühl zu entwickeln und tiefer zu verstehen.

Die meisten Menschen denken nicht an das, was fünfzehn Welten später passiert. Sie sind sehr im Jetzt verankert. Du kannst sie nicht mit den 180.000 Farben konfrontieren, die es gibt. Es würde sie überwältigen. Das kannst du nicht tun. Sie können das nicht aufnehmen.

Also musst du zurückgehen zu dem, was zugänglich ist. Vergebung existiert, um Mitgefühl zu entwickeln, und jene, die das am besten tun, bleiben am stärksten in Erinnerung, weil sie herausragen. So wie Jesus. Auch ein Freiwilliger.

Jedes Mal, wenn du mit einem tieferen Verständnis zurückkehrst, kannst du andern schneller helfen, dasselbe zu tun. Nochmals: Du versuchst letztlich, die Schwingung dieses Planeten zu ändern. Die Herausforderung besteht darin, zu versuchen, diese kämpferische Haltung, die nun einmal existiert, irgendwie in etwas Positives zu verwandeln.

Du kennst das Konzept der alten Seelen. Jedes Mal, wenn du zurückkommst, ist dein Verständnis tiefer und breiter. Du hast mehr Munition. Du hast ein tieferes und breiteres Verständnis des menschlichen Daseins, und du wirkst auf mehr Menschen ein. Das ist deine Rolle. Sie erwarten das von dir. Sie wissen nicht warum, aber sie tun es.

Und das ist deine Aufgabe auf dieser Ebene: Menschen zum Licht zu bringen, auf dass sie auf dieser Ebene verstehen und nicht erst, nachdem sie auf eine andere Ebene gegangen sind. Auf dieser Ebene. *Wie kann ich Menschen zum Licht bringen?* Das ist das, was du tust, das ist das, was Eric und Fred tun, das ist das, womit ihr alle zu tun habt.

Das »Licht« ist vollkommenes Verständnis und Mitgefühl.

Es wird in Zukunft große Veränderungen geben. Wird das Glas halb leer sein oder halb voll? Nochmals: Es kommt nur auf den an, der es wahrnimmt. Manche werden es als Katastrophen betrachten, andere als ein Erwachen. Aber die Veränderung kommt. Deshalb tauchen im ganzen Universum diese Geistwesen auf. Um den Weg für die kommenden Veränderungen zu bereiten. Du brauchst das nicht zu fürchten, wenn du die Ewigkeit verstehst.

In vielen Bereichen ist es bereits im Gange. Die Vorarbeiten sind geleistet. Es wird im weiteren Verlauf profunder werden. Es wird mit Sicherheit keinen Tag geben, »an dem die Erde stillsteht«. Es ist ein Prozess, der auf jedes Individuum zukommt. Jeder wird merken, dass seine Überzeugungen entweder noch funktionieren oder plötzlich nicht mehr funktionieren. Die nicht hören können, werden obdachlos sein. Und diejenigen, die sich auf die Suche begeben wollen, werden ein neues Obdach finden.

31

ES WIRD NIE GENUG APPLAUS GEBEN

Die Funktion aller Arten von Heilern in dieser Existenz ist die Möglichkeit, Türen zu öffnen. Auch Türen zu öffnen für deine Fähigkeit, die Türen zu öffnen. Für deine Fähigkeit, Mitgefühl zu haben, um diese Türen zu öffnen.

Du musst mit der Person, die sich entscheidet, ob sie durch diese Tür gehen will oder nicht, Mitgefühl haben, damit sie durchkommt. Was sie hoffentlich auch tut. Du willst dieses Ergebnis, weil du willst, dass sich die Leute in ihrem Leben besser fühlen. Du willst, dass sie klarer funktionieren, aber du darfst nicht an das Ergebnis verhaftet sein, und du kannst das Ergebnis nicht innerlich vorwegnehmen, weil du nicht die Kontrolle darüber hast.

Anders gesagt: Wenn jemand beharrlich an irgendeiner Krankheit festhält, dann spiegelt das nicht deine Fähigkeit wider, Türen zu öffnen. Du hast die Tür geöffnet. Du hast die Person eingeladen. Vielleicht möchte sie jetzt aber nicht durchgehen. Das hat nichts mit dir zu tun, und das ist nichts, was du bemessen kannst.

Du kannst nur die Tür öffnen. Es ist ihre Herausforderung, hindurchzugehen. Wenn die Person nicht durchgeht, bedeutet das nicht, dass du die Tür nicht hübsch aufgemacht hättest. Du hast die Tür geöffnet. »Also kommen Sie ruhig herein. Und wenn Sie nicht wollen …, vielleicht nächstes Mal.«

Wenn dir jemand sehr nahesteht, wie ein Partner, der Vater oder die Mutter, dann ist das schwierig, weil es eine emotionale Anhaftung gibt, und das kann den Prozess manchmal vernebeln. Wenn du der Person zu nahe stehst, ist es keine saubere

Beziehung. Sie ist belastet, voller Erfahrungen. Und manchmal wollen sie es nicht von dir hören, aber jemand anderes kann es ihnen nahelegen. Weil sie alle möglichen vorgefassten Meinungen über die Färbung der Informationen haben, die du ihnen vermittelst.

Aber Beharrlichkeit ist eine große Qualität von Mitgefühl. Gib niemals jemanden auf, nie. Vielleicht geschieht es nicht heute. Doch es gibt ja ein Morgen. Vielleicht geschieht es nicht morgen. Dann gibt es einen Tag danach. »Ich will so lange weitermachen, wie ich wirklich dazu in der Lage bin, denn ich habe Mitgefühl mit dir.«

Allmählich wird der Widerstand nachlassen. Denn Mitgefühl ist die stärkere Energie. Sie ist stärker als der Widerstand. Aber es muss aus Mitgefühl kommen. Es kann nicht aus einer Haltung von »Warum machst du das nicht?« kommen, denn dann wirst du gereizt, und das interpretiert dein Gegenüber dann ganz anders. Jetzt ist seine Haltung gerechtfertigt, denn du bedrängst ihn, und das irritiert und ärgert ihn. »Er lässt mich einfach nicht in Ruhe.«

Wenn die Botschaft mit echtem Mitgefühl vermittelt wird – und da musst du dich als Heiler prüfen –, wenn sie aus echtem Mitgefühl kommt, dann wird sie letztlich Gehör finden. Sie wird Gehör finden. Aber Ungeduld gehört nicht zur Heilung.

Ich spreche vom Überwinden der Negativität der Energie der anderen. Positive Energie ist viel stärker. Wenn sie aus Liebe und Mitgefühl kommt, bildet sie kein Gegenstück. Nichts kann sie aufhalten.

Nichts kann einen echten Energiefluss stoppen. Liebes-Energie und Mitgefühls-Energie sind stärker als alle Negativität, die du aufbringen kannst.

Aber als Heiler musst du das für dich selbst prüfen. *Komme ich aus dieser Haltung? Komme ich aus der Haltung, dass ich heute noch zwei oder drei Sitzungen habe und diese hier hinter mich bringen will?* Das ist kein Mitgefühl. Es hat mehr zu tun mit:

Will ich wirklich zum Leben dieser Person durchdringen und ihr helfen, eine Art von Freude zu erfahren, die ihr bislang unbekannt ist? Ist das die Haltung, aus der ich komme?

Das gehört zu jeder Interaktion, an der du je teilhaben wirst. In einer Heilungsbeziehung ist es deutlicher, weil du in der Regel vorher nicht viel über die Person weißt. Sie kommt mit einer gewissen Bereitschaft oder Hoffnung auf Veränderung zu dir. Das ist eine andere Dynamik.

In persönlichen Beziehungen ist das sehr viel nebulöser, weil es Geschichten gibt und Motive und Hintergedanken. Doch wenn du dir das einfach als Mensch anschaust, wird euer Schiff wieder auf Kurs kommen.

Wenn du echtes Mitgefühl empfindest, werdet ihr in ruhigeres Fahrwasser kommen und die Person wird dir mehr vertrauen als zuvor. Wenn du *echtes* Mitgefühl empfindest. Das *willst* du in deinem Leben, und du hast einen Weg gefunden, das zu entwickeln.

Da muss es anfangen. Es muss im Herzen anfangen. Und je mehr dir andere am Herzen liegen, desto mehr Freude wirst du erfahren. Echt am Herzen liegen. Ohne Hintergedanken. Je mehr dir die Existenz der anderen am Herzen liegt, weil wir alle eins sind. Jemandem zu helfen, macht uns glücklicher. Es ist ein direktes Ergebnis, ein direktes Ergebnis.

Wenn du so darauf konzentriert bist, andere glücklich zu machen, dass du leidest, dann bist du nicht in der richtigen Haltung. Dann ist dein Ansatz falsch, denn es sollte kein Leiden damit verbunden sein.

Wenn du leidest, geht es vielleicht um das Leiden durch die Vernachlässigung deines eigenen Lebens. Aber da wirkt eine tiefere Wahrheit. Wenn du die Heilungen dafür nutzt, die Bewältigung deines eigenen Lebens zu vermeiden, oder wenn du die Heilungen nutzt, um als Person bestätigt zu werden, dann kommst du nicht aus reinem Mitgefühl. Dann knüpfst du deinen Selbstwert daran, wie gut du das Leben dieser Person umkrempeln kannst. Dann dreht es sich um dich. »Bin ich nicht toll, dass ich diese Tür so geöffnet habe?«

Du öffnest nur die Tür. Du hoffst und du probierst und du betest, die Person möge hindurchgehen. Aber das hat nichts mit dir als Person zu tun. Es hat nichts damit zu tun, wie gut oder schlecht du bist oder wie du das in deinem Leben siehst, deinen eigenen Selbstwert, oder wie du deinen Selbstwert bemisst. Wenn du es tust – wenn du aus einer Haltung reinen Mitgefühls kommst, wo dich das Leben dieses Menschen in diesem Augenblick wirklich angeht –, dann entsteht aus diesem Prozess echte Freude. Da ist eine *echte* Freude. Und dann wirst du magnetischer. Die Leute fühlen sich zu dir hingezogen.

Es ist, als wolltest du ein großer Schauspieler sein, wenn du da reingehst, damit die Leute applaudieren, und es wird nie genug Applaus geben. Es wird nie genug Applaus geben.

Heiler zu sein, ist eine Mission. Es ist eine Mission des mitfühlenden Seins. Heiler zu sein, hat einen Fokus, das ist nicht zu leugnen. Es hat einen Fokus. Es gibt ein greifbares Ergebnis, aber du kannst dich nicht von diesem Ergebnis abhängig machen.

Du kannst dich nicht abhängig davon, ob die Person durch die Tür geht oder nicht, als »besser« oder »schlechter« betrachten. Das kannst du nicht. Nochmals: Alles, was du tun kannst, ist, die Tür zu öffnen.

Du kannst nicht in eine Heilung gehen, weil du nicht die Liebe bekommst, die du meinst, verdient zu haben; oder weil du dich auf irgendeiner Ebene nicht vollständig fühlst und meinst, das würde dich ganz machen.

In diesem Fall willst du den Applaus vom Publikum, ohne das zu geben, wofür du den Applaus bekommst. Du spannst das Pferd vor den Wagen. Der Plan steht auf dem Kopf. Es erfordert viel Einsatz, von diesem sehr reinen Zustand her zu kommen. Das Ergebnis ist, dass das Licht leuchten wird. Und du wirst in diesem Licht baden können, weil es aus einem reinen Zustand kommt. Wenn du nicht von diesem Zustand her kommst, kann so viel Licht auf dich scheinen, wie du willst, es wird nie genug sein. Es wird dich nie zufriedenstellen, weil es mit Unzulänglichkeit beginnt, mit dem Gefühl der Unzulänglichkeit.

32

JEDE EINZELNE EXISTENZ
IST EINE SYMPHONIE

Licht hat Schwingungsmuster. Es dreht sich alles um Schwingungsmuster. Das Licht, das du siehst, von dem du ein Teil wirst, ist anders als das Licht der Sonne. Es ist eine andere Ebene. Die Funktionsweise dieser Schwingungsmuster im einzelnen Menschen, selbst auf zellulärer Ebene, ermöglicht es ihm, lebendig zu werden. Zwischen den Atomen ist Klang, und der Klang ist in Wellenlängen, in Lichtwellen …, er schwingt. Das verleiht unserer Existenz ihre Funktionsweise, wir sind ein Teil dieses Schwingungsmusters. Alles ist Schwingung. Lichtwellen schwingen. Unsere Aufgabe ist es, mit diesen Schwingungsmustern in Einklang zu kommen. Beispielsweise bedeutet das Licht hereinzulassen, uns mit dem Licht in Harmonie zu bringen, mit dem Klang des Lichts in Harmonie zu kommen. Es ist nicht getrennt. Es ist ein Teil von uns. Es nährt uns. Es lässt das Signal in unserem Leben stärker werden.

In der Essenz sind wir Schwingungsmuster. Wir sind Lichtwellen. Das ist es, was wir sind – der schwingende Raum zwischen den Atomen. Damit bringen wir uns in Einklang, wenn wir uns in meditative Prozesse begeben oder was immer wir tun wollen.

Wenn du in Stille bist, wirst du den Klang des Lichts hören. Wir müssen unsere Energien mit dieser riesigen, größeren Energie koordinieren, denn es findet alles in Wellenlängen statt. Es geht mit einem Summen einher und mit einem Klang des Lichts.

Wenn es disharmonisch ist, steht es also in direkter Opposition zu dem, was uns unser Leben als Fest feiern lässt.

Wenn es in verschiedenen Organen klanglich durcheinandergeht, erzeugt das Krankheit. Orchestriere dein Leben, bringe es durch diesen Klang, durch diese Welle in Einklang, denn die Existenz jedes Einzelnen ist eine Symphonie. Wir müssen nur jedermann dazu bringen, dies zu erkennen und dann Teil dieser Musik zu werden.

Das ist eine grobe Vereinfachung, aber sie funktioniert. Sie funktioniert. Wir müssen unser Leben, unseren Körper orchestrieren, damit wir auf sanfte und harmonische Weise gehört werden.

Das Licht bricht sich in verschiedene Schwingungsbereiche, und verschiedene Menschen nutzen die einzelnen Spektren für spezifische Dinge. Das ist ihr Ansatz für einige Heilungen. Aber Licht ist Licht. Es ist Energie. Es ist Energie, ganz einfach. Und der Zugang zu diesem Licht – dieser Energie –, das führt wieder zurück zur Orchestrierung unseres Lebens.

Alle neigen dazu, dies sehr kompliziert zu machen, weißt du, und sie neigen dazu, es auseinanderzunehmen. Doch es ist viel einfacher als all das. Es ist viel einfacher zugänglich als all das. Die Leute werden meiner Meinung nach manchmal sehr besitzergreifend, wenn es um den Zugang zum Licht geht. »Das ist der Weg, und ich bin der Einzige, der euch dahin führen kann.«

Verstehst du, was ich sagen will? Da sind wir wieder am Punkt. Es geht dann wieder um: »Ich habe die Antwort und du nicht, und deshalb bin ich mächtiger als du.«

Die Leute versuchen, die Heilungen oft durch bestimmte Farben zu kontrollieren, statt einfach das reine, klare Licht fließen zu lassen und der Intelligenz des Universums die Kontrolle zu überlassen. Dann geht es um »das Wissen, das ich habe und du nicht«. Aber wenn du einfach ein klares, weißes Licht auf etwas richtest, füllt es alle Lücken auf. Es heilt sich selbst; es wird alles ausgleichen. Es wird alles ausgleichen, weißt du.

Aber die Entscheidung von *Wie richte ich diese spezielle Art von Licht aus?* ist wiederum eine Sache von »Ich weiß, dass du grünes Licht brauchst. Ich weiß, dass dir das fehlt, weil *ich* das sehe, denn ich verfüge über besondere Fähigkeiten«.

Verstehst du, was ich sagen will? Das Licht ist in sich selbst vollkommen. Es braucht nicht verbessert oder aufgeteilt zu werden. Verstehst du, was ich sage?

Es gibt diese Art von Erfordernissen nicht. Die beste Heilung findet statt, wenn du, der Heiler, und dein Patient zu derselben Energie werden. Wenn ihr eine Verbindung eingeht, wie du es bereits entdeckt hast, ohne diesen ganzen kopflastigen Kram, ohne all das. Der Heiler öffnet die Tür, der Patient geht durch. Der Patient wird vom Heiler weder behandelt noch eingeschüchtert und denkt auch nicht, er sei nicht gut genug, um durch die Tür zu gehen, die der Heiler geöffnet hat.

Der Heiler *ist*. Und in diesem »Seins«-Zustand macht er es der zu heilenden Person ganz einfach, durch die Tür zu gehen. Und macht es verlockender. Es ist einfacher für diese Person, weil sie sich nicht davon eingeschüchtert fühlt, dass jemand mehr weiß als sie. Beide sind auf demselben Niveau.

Wenn du all das aus der Gleichung heraushältst, ist es, als räumtest du Steine aus einem Wassergraben. Das Wasser muss in alle möglichen Richtungen fließen können, bis es ins Meer fließen kann. Räume alle Steine heraus, und es wird fließen.

Es gilt, die Rückverbindung deines Lebens aufzubauen. Rückverbinde dein Leben durch Bewusstheit, tägliches Handeln und Gedanken. Es beginnt mit dem Verständnis, dass all das Große, alle Macht und alle Freude, die du je haben kannst, in diesem Moment existieren und in dieser Sekunde zur Verfügung stehen. Und Menschen zu dem Bewusstsein hinzuführen, dass das jetzt da ist. Du brauchst nicht länger auf die Belohnung zu warten. Du brauchst nichts hinauszuschieben.

»Ich werde hart arbeiten, und in fünf Jahren werde ich dann Freude erfahren.« Nein! Es ist alles *jetzt* hier. Wir sind mit vol-

ler Ausstattung hierhergekommen. Wir müssen sie nur wieder-
entdecken. Es ist alles da. Es ist nicht irgendwo »dort«. Es ist
alles hier. Alles, was wir brauchen. Öffne diese Türen. Gehe
hindurch. Gehe hindurch. Es ist jetzt hier.

Wir sind hier, um Mitgefühl zu verstehen. Wir sind hier,
um unser Leben einander zu öffnen, in Selbstlosigkeit. Deshalb
sind wir hier: um zu verstehen und zu erkennen, dass wir alle
eins sind, und darüber voller Freude zu sein.

Ich lasse dich jetzt mit diesem Gedanken allein.

NACHWORT

Arbeitsanweisung von Solomon

Anmerkung von Eric und Fred:
Am Ende dieses Buches möchten wir gerne etwas über unseren Ansatz sagen, mit dem wir unsere Gespräche mit Solomon in Buchform gebracht haben. Nachdem wir von Solomon die Erlaubnis hatten, das zu tun, baten wir ihn um Rat und Anleitung, wie wir dieses Material am besten vermitteln könnten. Das Folgende ist eine Zusammenstellung der Hinweise, die er uns zu diesem Werk gab. Wir hoffen, wir sind der Aufgabe gerecht geworden. Dieser Prozess war für uns sehr lohnend, und wir hoffen, dass er Ihnen auf Ihrer Reise hilft.

Es gibt Wissen, und dann gibt es den Zugang zu Wissen. Wir, wir alle, könnten diese Seiten sicherlich mit tiefgründigen Schriften füllen. Aber sind sie zugänglich? Erreichen sie die Herzen der anderen? Da muss die Botschaft anfangen. Mit Mitgefühl. Mit deutlichem Mitgefühl. Dann findet ihr ein Buch, das sich selbst schreibt. Es ist da. Aber ihr könnt es nicht erzwingen; ihr könnt es nicht erringen. Ihr müsst zulassen, dass es sich zeigen kann.

Das erfordert Vertrauen in eure Fähigkeiten. Es erfordert Vertrauen. Zuversicht und Vertrauen.

Ich meine, die Botschaft eures Buches, wenn ihr das denn verwirklichen wollt, besteht darin, den Weg zu einem erfüllteren Leben frei zu machen. Den Weg dahin zu schaffen.

Um das einem größeren Publikum zu vermitteln, müsst ihr diese Mission zunächst dahingehend klären, was ihr erreichen wollt. Es muss sehr, sehr, sehr spezifisch sein. Ihr müsst einen klaren, greifbaren Fokus haben, und diesen müsst ihr dann fördern.

Wir möchten, dass ihr versteht, dass es einen Rhythmus gibt, der euren zukünftigen Kommunikationsvorhaben guttun wird. Wir wissen, dass ihr viel vorhabt. Ihr braucht einen einfachen Ansatz. Ihr solltet euer Publikum nicht verwirren. Wir werden einen Weg für euch finden, diese Konzepte zum Ausdruck zu bringen, aber sie müssen zugänglich sein. Tragt sie nicht so hinaus, dass eure Existenz da draußen sie nicht entschlüsseln kann. Ihr solltet wirklich ganz, ganz einfach anfangen, als würdet ihr mit einer Person im selben Zimmer sitzen. Es sollte sehr persönlich sein. *Sehr* – als wäre diese Person der einzige Mensch auf der Welt. Wenn die Menschen die Liebe darin spüren, können sie es aufnehmen.

Wenn ihr euch diesem Material annähert, solltet ihr es also sehr persönlich machen. Als sprächet ihr zu jemandem, der der Einzige ist, der dies versteht. Es geht darum, Vertrauen zu erzeugen. Niemand akzeptiert eine Botschaft, wenn sie von einer zweifelhaften Energie umgeben ist. Das holt die Leute aus der Erfahrung. Ihr müsst die Leute also von Anfang an sehr »eins zu eins« ansprechen.

Am Anfang dieser Arbeit müssen wir Vertrauen bilden. Nicht aus einer Haltung von *Nun, da kommunizieren Stimmen von der anderen Seite ...,* sondern von Leben zu Leben. Denn letztlich ist diese Energie, die kommuniziert wird, diese Geschichte, die kommuniziert wird, bereits in ihrem Leben, und dem müssen sie vertrauen, bevor sich diese Kommunikation verbindet – diese Kraft mit ihrer Kraft. Wenn sie dem auf irgendeiner Ebene misstrauen, werden sie sie nie aufnehmen, werden sie sie nie akzeptieren. Unsere Beziehungen beruhen auf Vertrauen, und in dem Moment, wo das eingebüßt wird, kann es nie wiedergewonnen werden.

Es ist in eurem Umgang mit diesem Material entscheidend wichtig, dass jede Seite von Fürsorge und Liebe erfüllt ist, was immer ihr schreibt; dass es darum geht, sich dem Individuum, der *einen* Person, für die ihr dieses Buch schreibt, zuzuwenden und sie zu nähren.

Es ist nicht für die Massen. Nicht für das allgemeine »Wir« oder »Ihr« da draußen. Stellt euch vor, ihr schreibt das für einen eurer Freunde. Nur einen. Wenn es von dieser Art von Herz-zu-Herz-Kommunikation erfüllt ist, werden sie daraus Vertrauen gewinnen und fähig sein, es aufzunehmen. Das ist die einzige Art, wie es geht. Damit es gehört werden kann, muss erst eine Vertrauensgrundlage da sein.

Ich wünsche euch, alles zu sein, was ihr sein könnt.

EPILOG VON FRED

Wir sind eins
und wir sind eins.

• Solomon •

Nun sind wir also am Ende angelangt – und hoffentlich an einem neuen Anfang für Sie, der Sie sich Zeit genommen haben, diese Seiten zu lesen.

Ich muss zugeben, ich habe sehr gezögert, dieses Material in die Welt zu geben. Irgendwann hat mich Erics Himmelstor-Argument überzeugt, und nach ausführlichem Nachdenken habe ich nachgegeben. Wie Eric in seiner Argumentation dargelegt hat, kam auch ich zu der Überzeugung, dass es besser ist, sich zu öffnen und in Kontakt zu gehen und sich zu irren, als sich nicht zu öffnen und nicht in Kontakt zu gehen.

Und das scheint mir die wichtigste Botschaft, für die sich Solomon einsetzt. Nachdem ich das Material genau in der Form aufgenommen habe wie Sie (da ich mich nach den Sitzungen an nichts erinnere), begriff ich tief in meinem Bauch, dass wir durch unsere Interaktionen wachsen – und nicht durch Isolation. Mit jeder technologischen Neuerung, die uns leichter miteinander in Kontakt treten lässt, scheint weniger echte Kommunikation stattzufinden. Die Dringlichkeit, mit der Solomon das anspricht, unterstreicht nur, wie wichtig es ist, sich zu öffnen und in Kontakt zu gehen – sei es als Heiler oder als ein Mensch, der eine Kerze hält, um einem anderen den Weg zu erhellen.

Und Solomon erinnert uns daran, dass wir mit dem Schaden, den wir anderen wissentlich zufügen, letztlich uns selbst schaden. Solomon bringt das kurz und bündig auf den Punkt, wenn er sagt: »Wir sind eins und wir sind eins.« Ich glaube, man kann es nicht klarer ausdrücken. Für mich ist das die Essenz, die mir bleibt.

Ich möchte Ihnen, dem Leser, der Leserin, danken, dass Sie sich entschieden haben, sich zu öffnen und mit diesem Material in Kontakt zu gehen. Mögen Sie sich bereichert fühlen und möge es Ihnen dienlich sein – das ist mein innigster Wunsch.

Frederick Ponzlov

EPILOG VON ERIC

Es gibt für alles,
was in dieser Welt
und darüber hinaus geschieht,
einen logischen Grund –
und es ist alles absolut sinnvoll.

• Lois Pearl
(Erics verstorbene Mutter) •

Ich weiß nicht, ob ich ohne die Weisheit von Aaron und Solomon die notwendige Entschiedenheit gehabt hätte, *Reconnective Healing* auf den Planeten zu bringen. Wann immer ich mich verloren, ängstlich oder verwirrt fühlte, wandte ich mich an Aaron und Solomon. Wenn ich Erkenntnis brauchte, wandte ich mich an Aaron und Solomon.

Freds geduldige Bereitschaft, das »Telefon« zu sein, durch welches ich mit ihnen sprechen konnte, war ein Himmelsgeschenk. Es gab mir den Mut, dranzubleiben …, denn mein größtes Hindernis waren meine Selbstzweifel.

Die Philosophie dieser Arbeit ist nicht für jeden leicht zu erfassen. Es erfordert eine innere Hingabe, sie in einer Reinheit hervorzubringen, die aus dem unerschütterlichen inneren Wissen stammt, dass es sowohl einen Bedarf als auch einen Sinn und Zweck dafür gibt.

Solomon hat mir gezeigt, dass wir großes Glück haben, wenn wir den Sinn und Zweck unseres Lebens erkennen.

Und was den Mut betrifft, das dann auch zu leben – da gilt wirklich: Je mehr, desto besser.

Solomon und Aaron, ich kann euch gar nicht genug dafür danken, dass ihr mir ermöglicht habt, den Sinn und Zweck meines Lebens zu erkennen, und mich ermutigt habt, danach zu leben.

Eric Pearl

DANKSAGUNGEN

Von Eric:

Mein Dank geht an Evelyn Sztojanov und Ronen Levy, deren Glauben an mich, an *Reconnective Healing* und *The Reconnection* ein unschätzbares Geschenk in meinem Leben ist. Und an John Altschul, dessen Freundschaft eine Konstante ist, auf die ich immer zählen kann.

Von Fred:

Mein Dank geht an Sheri Leigh Myers, Tulis McCall und Grace Lehman. Dank ihrer Ermutigung konnte Solomon sich entfalten.

Ein besonderer Dank geht an Dianna Bensch, die uns während der Entstehung dieses Buches eine zuverlässige Stütze und ein wegweisendes Licht war.

ÜBER DIE AUTOREN

Dr. Eric Pearl führte eine sehr erfolgreiche Praxis für Chiropraktik in Los Angeles, als er und andere anfingen, wundersame Heilungen zu erfahren. Er ist inzwischen eine herausragende Autorität und ein anerkannter Visionär einer neuen Ebene der Heilung und der Evolution des Lebens auf diesem Planeten. Er widmet sich ganz der Weitergabe des Lichts und der Informationen des *Reconnective Healing*-Prozesses, indem er weltweit Vorträge und Seminare über *The Reconnection* hält. Dr. Pearl ist in zahlreichen Fernsehsendungen aufgetreten und hat unter anderem vor den Vereinten Nationen und vor vollem Haus im Madison Square Garden gesprochen. Seine Seminare wurden in verschiedenen Medien besprochen, unter anderem in der *New York Times*.
www.TheReconnection.com

Frederick Ponzlov stammt aus Long Beach in Kalifornien. Er ist Drehbuchautor und ein preisgekrönter Schauspieler. Er hat ein Studium an der Universität von Wisconsin-Milwaukee abgeschlossen und dann am Neighborhood Playhouse in New York Schauspiel gelernt. Nach seinem Umzug nach Los Angeles fing er mit dem Schreiben von Drehbüchern an. Seine erste Verfilmung, *Undertaking Betty,* mit Naomi Watts, Christopher Walken, Brenda Blethyn und Alfred Molina gewann einen BAFTA. Er gibt seit 30 Jahren Schauspielunterricht in Long Beach. Das Wesen Solomon begleitet ihn schon fast sein ganzes Leben lang. Nach Jahren des Schweigens darüber ist dieses Buch Solomons erster öffentlicher Auftritt.

◇ ◇

Dr. Eric Pearl
The Reconnection
Heile andere, heile dich selbst
Hardcover, 312 Seiten
ISBN 978-3-86728-028-0

Glauben Sie an Menschen mit besonderer Begabung zur Heilung? Eric Pearl ist so ein Mensch. In diesem Buch erzählt er in offener und humorvoller Art und Weise seine ganz persönliche Geschichte. Seine Begabung ermöglicht es ihm, die Heilung anderer Menschen durch die Energieströme seiner Hände zu fördern. Dieses Wissen gibt er weiter und vermittelt seine Methoden so, dass auch Sie diese anwenden können.